Observaciones Electorales

en Perú
1992-1993

Secretario General
César Gaviria

Secretario General Adjunto
Christopher R. Thomas

Coordinadora Ejecutiva de la Unidad para la Promoción de la Democracia
Elizabeth M. Spehar

Esta publicación integra el plan de publicaciones de la Secretaría General de la Organización de los Estados Americanos. Las ideas, afirmaciones y opiniones expresadas en los trabajos no son necesariamente las de la OEA ni de sus Estados Miembros. La responsabilidad de las mismas compete a las áreas respectivas.

Observaciones Electorales

en
Perú
1992-1993

Unidad para la Promoción
de la Democracia

La revisión técnica del presente volumen estuvo a cargo de Santiago Murray, Coordinador de Asistencia Electoral de la UPD, y Mario González, Coordinador General de la Misión. La revisión editorial fue realizada por Yadira Soto, especialista de la UPD. La preparación del material estuvo a cargo de Gerardo M. Serrano con la asistencia de Alicia Bialet.

Library of Congress Cataloging-in-Publication Data

Observaciones electorales en Perú, 1992-1993 / Unidad para la
   Promoción de la Democracia
       p.   cm. — (Serie de misiones de observaciones
   electorales en estados miembros de la Organización de
   los Estados Americanos, ISSN 1087-8521)
       ISBN 0-8270-3639-6
       1. Elections—Peru. 2. Election monitoring—Peru.
   I. Organization of American States. Unit for the Promotion of Democracy.
   II. Series.
   JL3492.027   1996   96-21206
   324.985'0633—dc20   CIP

La edición, diseño y composición del presente trabajo fue realizado por el área de Sistemas de Información y Publicaciones/CIDI.

Copyright © 1996. OAS/OEA. Todos los derechos reservados. Se autoriza su reproducción con indicación de la fuente.

Este documento está compilado, fundamentalmente, en base al Informe del Secretario General a la Reunión Ad Hoc de Ministros de Relaciones Exteriores sobre la Observación del proceso electoral para el Congreso Constituyente en el Perú (MRE/INF. 9/93. 30 de Diciembre de 1992); el Informe del Secretario General sobre la Observación de las Elecciones Municipales Peruanas del 29 de Enero de 1993 y sobre la Asistencia Técnica para la Modernización del Sistema Electoral del Perú (CP/INF. 3457/93. 19 de Mayo de 1993); y el Informe del Secretario General sobre el Referéndum en el Perú, Celebrado el 31 de Octubre de 1993 (CP/INF. 3566/93. 29 de Diciembre de 1993).

Con la publicación de esta serie, la Unidad para la Promoción de la Democracia de la Organización de los Estados Americanos tiene por finalidad: a) proveer una mayor comprensión de los procesos electorales en el Hemisferio; b) incrementar el conocimiento sobre el papel de la OEA en la observación electoral; c) informar al público sobre la naturaleza de la Misión de Observación; y d) contribuir a la identificación de las áreas problemáticas en los procesos electorales de los Estados miembros.

ÍNDICE

Presentación ix

Mapa del Perú xiii

Siglas utilizadas en el documento xv

Introducción xvii
    La elección del CCD xviii
    Las elecciones Municipales xix
    El Referéndum de la Constitución xx
    Conclusiones xxi

Capítulo I
Aspectos generales del Perú 1
    Aspectos demográficos y económicos 3
    Aspectos históricos 4
    Aspectos institucionales y políticos 5

Capítulo II
Normas e instituciones electorales 7
    El sistema electoral 9
    Evaluación de las Normas y las instituciones electorales 12

Capítulo III
Las elecciones del Congreso Constituyente Democrático 15
    Organización de la Misión 18
    La asistencia técnica 23

    Período pre-comicios 26
    El día de la elección 30
    El escrutinio 31
    Análisis de las denuncias 35
    Conclusiones 36

Capítulo IV
Las elecciones Municipales 39
    Organización de la Misión 42
    Período pre-comicios 43
    El día de la elección 46
    El escrutinio 47
    Análisis de las denuncias 50
    Conclusiones 51

Capítulo V
El Referéndum de la Constitución 55
    Organización de la Misión 58
    Período pre-comicios 60
    El día de la elección 67
    El escrutinio 67
    Análisis de las denuncias 71
    Conclusiones 71

Anexos 75

Presentación

Los ideales y principios democráticos han estado siempre presentes en el Sistema Interamericano. En 1948, los Estados miembros proclamaron en la Carta de Bogotá que "la solidaridad de los Estados Americanos y los altos objetivos que son perseguidos a través de ella, requieren de la organización política de esos estados sobre las bases del ejercicio de la democracia representativa".

Cuarenta años más tarde, en 1988, con la entrada en vigencia del Protocolo de Cartagena de Indias, los Estados miembros deciden incluir entre los propósitos esenciales de la Organización el de la promoción y consolidación de la democracia representativa, con el debido respeto al principio de no intervención. Con este hecho comienza un proceso jurídico-político por el cual los Estados miembros demuestran un renovado e incuestionable consenso y compromiso con la defensa y promoción colectiva de la democracia, a la vez que le asignan a la OEA un importante papel en ello.

Al siguiente año, en la Asamblea General realizada en Washington, D.C., se recomienda al Secretario General la organización y envío de Misiones de Observación Electoral (MOE) a los Estados miembros que lo requirieran. En 1990, la Asamblea General de Asunción solicita al Secretario General la creación de la Unidad para la Promoción de la Democracia (UPD).

En 1991, en Santiago de Chile, la Asamblea General adopta la Resolución 1080 sobre "Democracia Representativa", la que instruye al Secretario General que, en caso de que se produzca una interrupción irregular del proceso democrático en cualquiera de los Estados miembros, solicite inmediatamente la convocación de una reunión del Consejo Permanente para que éste estudie la situación y tome las decisiones apropiadas.

En diciembre de 1992, una Asamblea General Extraordinaria aprueba el denominado Protocolo de Washington que modifica la Carta una vez más, incluyendo un artículo que contempla la posibilidad de suspender, por dos tercios de los votos, el derecho de un Estado miembro cuyo gobierno haya sido derrocado por la fuerza, a participar en las sesiones de los cuerpos gobernantes de la Organización. El Protocolo todavía no ha sido ratificado por la mayoría de los Estados miembros.

En el contexto de la corriente democratizadora en el hemisferio, la UPD de la OEA emerge como uno de los mecanismos de largo plazo con que la Organización cuenta para apoyar a los Estados miembros en sus esfuerzos para fortalecer y consolidar las instituciones democráticas. Establecida por el entonces Secretario General João Clemente Baena Soares, siguiendo el mandato de la Asamblea General de 1990, la UPD ofrece "un programa de apoyo para el desarrollo democrático con el cual se pueda responder pronta y efectivamente a los Estados miembros que, en el pleno ejercicio de su soberanía, requieran colaboración o asistencia para preservar o fortalecer sus instituciones políticas y sus procedimientos democráticos".

Sobre estas bases, y a solicitud de los países miembros, la UPD ejecuta proyectos en áreas relacionadas con la educación para la democracia y con el fortalecimiento de instituciones electorales y legislativas. Otra de sus principales funciones es la de organizar MOE en aquellos países que lo requieran.

Las recientes actividades de observación electoral de la OEA se basan en la convicción de que el proceso electoral es una pieza fundamental de todo proceso de transición y consolidación democrática. Las MOE siempre han sido organizadas solamente en respuesta a solicitudes específicas de los Estados miembros y bajo la guía del Secretario General.

Las MOE tienen los siguientes objetivos principales: observar e informar al Secretario General sobre el proceso electoral tomando como punto de referencia las normas electorales del país y su Constitución; colaborar con las autoridades gubernamentales, electorales y partidarias, y con la población en general, para asegurar la integridad, imparcialidad y confiabilidad del proceso electoral; servir como conducto informal para la construcción de consenso y la Resolución de conflictos entre los diferentes participantes en el proceso electoral y ponerse a disposición de los protagonistas del proceso para contribuir a que se respeten las leyes y los procedimientos que establecen las normas legales del país y que sean estos los mecanismos que encaucen y determinen la Resolución de los conflictos.

Algunas de las MOE, como la realizada en Costa Rica en 1990 ó Colombia en 1994, son de corto plazo y simbólicas. Estas Misiones por lo general están compuestas por un grupo reducido y especializado de observadores que permanecen en el país por un breve período en torno al día de la elección.

En otros casos de Observación Electoral —como los que se presentan en esta serie de informes— las Misiones arriban al país semanas, en ocasiones meses, antes del día de la elección y focalizan sus tareas en la totalidad del proceso electoral. Estas Misiones son complejas y de largo plazo. Sus funciones por lo general comienzan con el estudio de las normas electorales que sirven de marco al proceso, y con el seguimiento del proceso de empadronamiento o registro electoral de los ciudadanos; y continúan con la observación de la organización y preparación de las elecciones por las autoridades electorales, el desarrollo de la campaña electoral, el acceso a los medios de comunicación, la libertad de prensa, de expresión y asociación, la utilización de recursos del Estado, la designación y capacitación de las autoridades electorales, la preparación y distribución de los padrones electorales y los materiales utilizados en el día de la elección, la adopción de medidas de seguridad, el proceso de votación, el escrutinio en las mesas, la transmisión y recepción de resultados, la compilación de los datos electorales, el juzgamiento de las elecciones, y cualquier desarrollo poselectoral hasta la proclamación oficial de los resultados por las autoridades correspondientes.

Más específicamente, y para cumplir con esas funciones, las MOE, realizan una serie de tareas esenciales y cotidianas como la de asistir a reuniones con los candidatos, representantes de los partidos políticos, autoridades electorales, organizaciones civiles, y otros grupos relevantes; presenciar los actos políticos y analizar métodos de las campañas políticas y cobertura de la prensa; recibir y comunicar a las autoridades las denuncias sobre supuestas violaciones a las leyes electorales; y realizar proyecciones estadísticas de los resultados el día de los comicios.

El trabajo de observación de las MOE se concentra en aquellos aspectos y mecanismos del proceso político-electoral que pueden representar conflictos entre las partes involucradas o afectar la integridad y transparencia de los resultados. La identificación de estos asuntos y las actividades que desarrollan los observadores se realizan sobre la base de los conocimientos que son fruto del análisis minucioso de las leyes y las prácticas electorales del país, los resultados de las entrevistas con sus autoridades gubernamentales, electorales y políticas, y de la experiencia internacional de observación de la OEA y de otros organismos internacionales.

Para comprender mejor las actividades que llevan a cabo los observadores hay que tener en cuenta que la experiencia histórica enseña que en los procesos electorales, como en toda competencia por el poder, algunas personas o grupos pueden recurrir a procedimientos expresamente vedados por las normas que regulan dicho proceso. Esta situación puede verse facilitada si las leyes presentan deficiencias o si las autoridades que administran el proceso no cuentan con la capacitación adecuada o con los recursos indispensables para su aplicación. En ese contexto, en la contienda electoral se suelen encontrar anomalías e irregularidades y también intentos reñidos con las normas vigentes. En otros casos, sin vulnerarse los principios legales se recurre a procedimientos ilegítimos. Estos factores pueden lesionar la integridad del proceso electoral, y señalan conductas contra las cuales las MOE tienen que prevenir.

Las Misiones han sido llevadas a cabo exclusivamente por grupos de observadores internacionales civiles y de carácter multidisciplinario, incluyendo expertos en asuntos electorales, leyes, ciencias políticas, educación, ciencias de la información, estadísticas, comunicaciones, logística y otras disciplinas. A menudo, en un ambiente político sensible, los observadores se distribuyen a través del país con el propósito de cubrir el proceso electoral en la mayor parte de los distritos urbanos y rurales posibles. Un sistema de comunicación y transporte propio permite a la Misión mantener a sus observadores en permanente comunicación entre sí.

El presente volumen tiene por finalidad poner a disposición, tanto del público general como especializado, una selección del material relevante vinculado con algunas de las MOE realizadas. Hacemos votos para que el estudio y análisis de estas experiencias contribuyan a un mayor conocimiento de la realidad de los países de la región a la vez que profundicen los valores y prácticas democráticas en los albores del siglo XXI.

Elizabeth Spehar
Coordinadora Ejecutiva
Unidad para la Promoción de la Democracia

Fuente: www.lib.utexas.edu/libs/pcl/map_collection

SIGLAS UTILIZADAS EN EL DOCUMENTO

AP	Acción Popular
APRA	Partido Aprista Peruano
ASI	Movimiento de Acción Social Independiente
CCD	Congreso Constituyente Democrático
FIM	Frente Independiente Moralizador
FREMPOL	Frente Civil Militar y Policial
FRENATRACA	Frente de los Trabajadores y Campesinos
FREPAP	Frente Popular Agrícola del Perú
JDE	Jurado Departamental de Elecciones
JNE	Jurado Nacional de Elecciones
MCD	Movimiento Coordinadora Democrática
MDI	Movimiento Democrático de Izquierda
MIA	Movimiento Independiente Agrario
MIN	Movimiento Independiente Nacional
MRTA	Movimiento Revolucionario Tupac Amarú
NMC-'90	Nueva mayoría-Cambio 90
PPC	Partido Popular Cristiano
PSP	Partido Socialista del Perú
RTV	Radio y Televisión Peruana
SL	Sendero Luminoso
SODE	Solidaridad y Democracia

Introducción

La presente publicación describe las actividades que se llevaron a cabo en el transcurso de las tres misiones de Asistencia Técnica al Jurado Nacional de Elecciones (JNE) y de Observación de los procesos electorales en el Perú.

El 5 de abril de 1992, el Perú experimentó la quiebra de su institucionalidad plena cuando el Poder Ejecutivo, presidido por el Ingeniero Alberto Fujimori, decretó la clausura de la Asamblea Legislativa y la intervención del Poder Judicial.

A raíz de esa situación, el Secretario General de la OEA solicitó de inmediato una reunión del Consejo Permanente de la Organización de los Estados Americanos (OEA) que a su vez convocó a una Reunión *Ad Hoc* de Ministros de Relaciones Exteriores, la que celebró su primera sesión el día 13 de abril, en la sede de la Organización, en Washington D.C.

En esa misma fecha, la Reunión *Ad Hoc* aprobó la Resolución 1/92 que, mediante el párrafo resolutivo 6, solicitó a su Presidente, junto con los Cancilleres que él invitara, y al Secretario General que se trasladaran al Perú. El objetivo de esta gestión era promover de inmediato un diálogo entre las autoridades del país y las fuerzas políticas y otros sectores democráticos, dirigido a establecer las condiciones y el compromiso entre las partes para el restablecimiento del orden institucional democrático, dentro del pleno respeto a la separación de poderes, los derechos humanos y el estado de derecho.

La nueva Reunión *Ad Hoc* de Ministros de Relaciones Exteriores celebrada en Bahamas en mayo de 1992 aprobó la Resolución 2/92 por la que tomó conocimiento del compromiso contraído por el Presidente Alberto Fujimori de convocar a la elección de un Congreso Constituyente Democrático (CCD), y recomendó al Secretario General prestar la asistencia que le fuere formalmente requerida, inclusive la observación electoral, para el pronto retorno del sistema de gobierno democrático representativo en el Perú.

A principios de junio de ese año, el Gobierno del Perú solicitó formalmente al Secretario General asistencia técnica para el JNE y la observación del proceso de elección del CCD, conforme al párrafo resolutivo 3 de la Resolución 2/92 de la Reunión *Ad Hoc*. Estas invitaciones se reiteraron con posterioridad en ocasión de las Elecciones Municipales que se celebraron el 29 de enero de 1993 y cuando se realizó el Referéndum de la Constitución aprobada por el CCD, el 30 de octubre de ese mismo año.

La Dirección de las tres Misiones de Observación de La OEA en el Perú estuvo a cargo del Secretario General, João Clemente Baena Soares, con la Coordinación General de su Asesor Especial, Mario González Vargas y una Sub-coordinación a cargo de Diego Achard.

La elección del CCD

El Coordinador General llegó a Lima, con un contingente de diez personas el 8 de octubre de 1992. Posteriormente, los distintos integrantes de la Misión hicieron su arribo los días 15 y 21 de octubre y el 6 de noviembre de 1992. Los 228 observadores de la OEA se distribuyeron en cinco regiones: Piura, Trujillo, Cusco, Arequipa y Lima. Esta distribución respondió a la importancia electoral y política relativa de cada región.

El total de escaños que debieron cubrirse para la integración del CCD fueron 80 y compitieron por ellos 18 listas, realizándose la contienda con la modalidad de distrito único.

El proceso electoral para el CCD se cumplió, en términos generales de una manera satisfactoria. Las anomalías e irregularidades observadas no alcanzaron a afectar la libre expresión de la voluntad política de los ciudadanos, ni alteraron sustancialmente las condiciones para el libre ejercicio de la actividad política y electoral.

El tiempo de campaña electoral fue muy breve debido a los plazos legales y a la dilatación de las fases de inscripción. Por ello se observó un escaso número de reuniones públicas y de mítines populares y la campaña se desarrolló principalmente por los medios de comunicación masiva y a través de las giras de los candidatos por las ciudades del interior del país.

Por otra parte, se pudo constatar un alto nivel de apatía en la población, determinado fundamentalmente por un escaso nivel de información acerca del contenido y significado de la elección, el carácter nuevo de las mayoría de las agrupaciones políticas participantes, la circunscripción electoral única y el inicio simultáneo en algunos lugares de la campaña para las elecciones municipales.

Muchas de las dificultades registradas fueron consecuencia del bajo nivel de institucionalización de los órganos que intervinieron en la administración y gestión de las elecciones. La participación del gobierno en la campaña en favor de la alianza Nueva Mayoría-Cambio 90 tuvo tendencia a disminuir como consecuencia de las críticas generalizadas formuladas por la mayoría de las fuerzas **contendoras** y trasmitidas a través, la Observación Electoral al JNE.

El JNE no logró, a través de sus actos y decisiones, adquirir la imagen deseada de eficiencia, imparcialidad y autonomía conveniente para el buen desarrollo del proceso electoral. En su organización y gestión el JNE no pudo cumplir prácticamente con ninguno de los plazos establecidos por la Ley Electoral. Los retrasos sufridos en las distintas fases del proceso fueron en su mayoría imputables a la lentitud e ineficiencia administrativas del Jurado. Igual aconteció con la mayoría de las irregularidades presenciadas.

Las Fuerzas Armadas cumplieron un importante papel en la realización de las elecciones. Ejercieron, generalmente con corrección y eficiencia, las competencias que les atribuye la Ley Electoral y colaboraron con seriedad con la MOE y se desempeñaron con marcado profesionalismo en su tarea de proveer seguridad a los miembros de la Misión.

Las distintas fuerzas políticas que participaron en el proceso no elevaron, durante la campaña, ante el JNE, ni llevaron al conocimiento de la observación, hechos que por su gravedad hubiesen podido afectar las condiciones generales del proceso electoral. Tampoco interpusieron impugnaciones serias en la fase del escrutinio que pudieran haber descalificado el proceso eleccionario.

Al término del proceso, los partidos y agrupaciones políticas participantes, juzgaron que se trató de una elección aceptable y que correspondía al nuevo CCD aprobar las medidas necesarias a la corrección de las fallas estructurales que se observaron. El proceso electoral para el CCD constituyó un importante paso en el proceso de regreso a la plena institucionalidad democrática en el Perú.

Las elecciones Municipales

Los 70 integrantes de la Misión del Secretario General llegaron a Lima entre el 15 y el 18 de enero de 1993 y se ubicaron en las capitales de las 19 provincias de mayor densidad electoral del país. Las elecciones municipales fueron convocadas para elegir Alcaldes en 187 Provincias y en 1923 Distritos. El JNE contó con el apoyo de 187 Jurados Provinciales, presididos por el Fiscal Provincial más antiguo e integrados por cuatro miembros designados por sorteo por el JNE. Debe destacarse que durante los treinta días previos a la elección se destituyeron a 48 presidentes de Jurados Provinciales.

A lo largo de la campaña electoral las listas independientes, los movimientos y los partidos políticos, desplegaron libremente una sostenida actividad proselitista. Los casos de ingerencia y parcialización de las autoridades civiles o militares en beneficio de uno u otro candidato, no alcanzaron a empañar, ni afectar las garantías de que gozaron los distintos candidatos.

El día de las elecciones el elector pudo concurrir a ejercer su deber cívico rodeado de suficientes garantías. No se presentaron mayores alteraciones al orden público, ni se registraron actos de violencia partidista significativos. Es preciso destacar la tarea cumplida por la Fuerzas Armadas para garantizar el orden y la seguridad en todo el territorio nacional.

En materia de irregularidades, la dificultad principal se presentó en el diseño de las cédulas electorales y en los errores cometidos en su repartición. Los escrutinios fueron lentos, conducidos por personas que carecían de la información y preparación debidas y que, por lo mismo, incurrieron en errores materiales frecuentes.

El JNE y los Jurados Provinciales realizaron su trabajo sometidos a las presiones resultantes del corto tiempo de que dispusieron para la organización del proceso electoral, las que se sumaron a las imperfecciones y complejidades del sistema electoral.

A pesar de las deficiencias del sistema y de los inconvenientes señalados, no puede decirse que estas autoridades incurrieran de manera flagrante en actos que afectaran su imparcialidad, sino que actuaron con las limitaciones propias a su integración y a su carácter ad-hoc.

Respecto al contexto de la elección debe destacarse que la acción de los movimientos terroristas fue intensa y tuvo como objetivo impedir la realización de las elecciones mediante atentados contra los candidatos a alcaldes y regidores en todo el país y la convocatoria a un paro armado vigente durante las 72 horas previas al día electoral.

A pesar de esto la ciudadanía participó abiertamente y las fuerzas de seguridad garantizaron eficazmente el ejercicio de los derechos electorales de la población.

El Referéndum de la Constitución

Para la observación del Referéndum el Coordinador General de la Misión llegó a Lima el día 11 de octubre de 1993 y los demás integrantes de la Misión hicieron su arribo a la capital del Perú los días 14, 15 y 16 de octubre, hasta completar 30 personas. Los observadores se ubicaron en las ciudades de Lima, Arequipa, Cusco, Huancayo, Trujillo, Piura, Iquitos, Puno y Chiclayo. Las nueve ciudades escogidas para sedes de la observación corresponden a las de mayor población electoral en cada una de las tres regiones, costa, sierra y selva, del país. Cada sede contó con equipos de dos observadores.

El Referéndum se llevó a cabo en forma aceptable y, en general, existieron las garantías suficientes para la libre expresión de la voluntad política de los ciudadanos. Las manifestaciones, las reuniones políticas y las movilizaciones en general fueron muy escasas y generalmente llevadas a cabo por asociaciones, gremios, sindicatos y organizaciones estudiantiles. Algunas de ellas encontraron dificultades para su realización y otras no pudieron efectuarse por la negativa de autoridades civiles y militares que adujeron la vigencia del estado de emergencia para denegar los permisos solicitados.

En el campo del libre acceso a los medios de comunicación, el JNE cumplió con reglamentar los espacios gratuitos para cada uno de las agrupaciones políticas. Por otra parte, las agrupaciones políticas tuvieron razonable acceso a los canales de televisión privados y sus representantes participaron en los programas de opinión que se realizaron sobre el Referéndum.

El respeto a las garantías electorales, que la Constitución y la ley consagran para todas las agrupaciones políticas, fue tema recurrente en la campaña y dio lugar a la mayoría de las quejas, acusaciones y reclamos por parte de los partidarios del NO. Estas pueden condensarse en tres grandes categorías: el proselitismo de los funcionarios públicos, la utilización indebida de los recursos del Estado y los problemas vinculados a la libertad personal y las intimidaciones.

La votación se cumplió normalmente sin hechos violentos que la afectaran o irregularidades graves que la desvirtuaran. Todos los procedimientos de organización electoral se vieron sensiblemente facilitados por la escasa complejidad del carácter del Referéndum. Debido a ello, no se registraron las demoras y los inconvenientes que se sucedieron en las anteriores elecciones al momento del escrutinio.

El resultado final del Referéndum fue el siguiente:

SÍ:	3.897.968
NO:	3.548.577
BLANCOS:	216.112
NULOS:	518.590
TOTAL:	8.181.247

A pesar de la gravedad de algunas de las denuncias recibidas y constatadas por la Misión, éstas no alcanzaron a afectar la transparencia de la consulta electoral. Sin embargo, cabe mencionar la necesaria preocupación por la ocurrencia de estas restricciones que no se presentaron en igual número durante los dos procesos electorales que la Organización observara anteriormente en el Perú.

El JNE actuó con mayor celeridad y competencia que en los dos procesos electorales anteriores y atendió con prontitud las observaciones y pedidos del Grupo de Observadores del Secretario General. No obstante, no dejaron de presentarse los problemas inherentes a las deficiencias del sistema electoral vigente.

Conclusiones

Entre octubre de 1992 y noviembre de 1993, la OEA realizó tres misiones de Asistencia Técnica al JNE y una de observación electoral en el Perú. En ese lapso, se pudieron identificar gran parte de las fallas estructurales que sufría el sistema electoral, se constataron importantes cambios en la organización de sus fuerzas políticas y una paulatina consolidación institucional.

Las deficiencias e irregularidades observadas no difirieron de las que históricamente se presentaron en las consultas electorales en el Perú y pueden ser atribuidas, en su mayoría, a la estructura del sistema electoral y no a la voluntad de sus autoridades y administradores.

En síntesis, las elecciones del CCD abrieron una etapa de recuperación de los canales de expresión democrática de la sociedad peruana que se vieron ampliados y profundizados a lo largo de las elecciones municipales y del Referéndum de la Constitución. Las misiones de asistencia técnica y de observación electoral de la OEA colaboraron en los logros de dichos objetivos en cumplimiento del espíritu y el mandato con las que fueron investidas.

CAPÍTULO I

Aspectos generales de Perú

El Perú tiene un vasto territorio cuya extensión alcanza 1.285.215 kilómetros cuadrados, siendo el tercer país de América del sur por su tamaño, después de Brasil y Argentina. Cuenta con tres regiones naturales: la costa que ocupa cerca del 9% del territorio con un largo de 1.800 Km y un ancho que varía entre 50 y 200 Km; la cordillera o sierra que ocupa el 63% de la geografía del país y la selva que se extiende en el 28% restante.

Tres grandes ramales de cordilleras se distinguen atravesando de Norte a Sur el territorio peruano: la de la costa, la central y la oriental. Ubicado sobre el Océano Pacífico, limita al Norte con Ecuador y Colombia, al Este con Brasil y Bolivia y al Sur con Chile. Sus idiomas oficiales son el español y el quechua.

Aspectos demográficos y económicos

Según el censo de 1981, la población del Perú alcanzó a 17.702.423 habitantes y se estima que para 1989 había alcanzado a 21.800.000. En su gran mayoría la población tiene un origen indígena siendo un 44% descendientes directos de los pueblos nativos y un 46% el resultado del cruce entre indígenas y descendientes de españoles. Un reducido número de su población, alrededor del 10%, es de origen europeo.

La densidad poblacional es de 15 habitantes por Km2 y cerca del 70% de la población es urbana, teniendo la zona de la costa el 30% de la población total, la que sin embargo concentra la mayor riqueza del país. En los últimos años muchos de sus pobladores se volcaron a las ciudades, en especial, a Lima.

La tasa de mortalidad infantil es una de las más elevadas de América Latina ya que llegó en el quinquenio 1985-90 al 88 por mil (en 1950-55 era de 159) siendo el promedio para la Región de 56 por mil (en 1950-55 era de 125). La esperanza de vida al nacer en 1990 llegaba a 63 años, señalando una notable mejoría en comparación a

1960 en el que este indicador se ubicaba en los 47,7 años. A pesar de los avances que se registraron en las últimas décadas, el analfabetismo aún alcanza cerca del 20% de la población; en 1940 representaba el 60%.

Entre las cordilleras de la costa y el centro se encuentran valles fértiles en los que se desarrolla una agricultura de tipo comercial y otra para la subsistencia. Una escasa parte del territorio es cultivable y desde hace cuatro décadas se viene observando una constante disminución de la superficie destinada a la siembra en el país. El sector agrícola es el principal empleador, ya que en él trabaja aproximadamente un 40% de la población.

El Perú es un país muy rico en recursos mineros; posee cobre, plata, hierro, zinc, nitratos, fertilizantes, petróleo y gas natural. Asimismo, posee recursos forestales de suma importancia y es también exportador de alpaca, algodón y café.

En cuanto a su economía, la crisis política y los problemas del mercado mundial repercutieron negativamente durante los ochenta, en especial a partir de 1988, en un contexto de profundos desajustes estructurales. La caída del Producto Interno Bruto fue del 8,4% en 1988, 11,5% en 1989 y 5,6% en 1990, mostrando un ligero crecimiento en 1991 del 2,1% y volviendo a caer un 2,7% en 1992. Si estas mediciones se realizan tomando en consideración los habitantes, las reducciones anuales se incrementan, ya que sumaron un 10,3% en 1988, 13,3% en 1989, 7,5% en 1990 y un 4,7% en 1992, manteniéndose sin variación durante 1991.

Con la asunción del Presidente Alberto Fujimori, comenzó a ejecutarse un programa severo de estabilización de la economía, con un estrecho control de la política fiscal y monetaria y poniéndose en práctica un proceso privatizador de las empresas estatales.

Los indicadores macroeconómicos mostraron a lo largo de 1993 y 1994 comportamientos muy favorables y, paralelamente, las expectativas positivas para el país se incrementaron en forma notable. Una sensible mejora también se ha observado en el proceso de pacificación del país, disminuyendo las actividades terroristas y la violencia cotidiana.

Aspectos históricos

En el actual territorio peruano se desarrollaron varias civilizaciones precolombinas, cuyos testimonios y grandeza permiten trazar paralelos con los Imperios Antiguos del Asia Menor, la India, Grecia o China. La existencia de población en el área se remonta a 2000 años AC. Ya en el período Chavín, entre 1200 AC y 350 se produjo la homogeneización cultural de las distintas corrientes de pobladores que lo habitaban. En el período posterior dio comienzo la fase urbana y es a partir del siglo XI cuando comienza el período incásico.

La llegada de los españoles sorprendió al Imperio Inca en guerras civiles que minaron su capacidad de resistencia. En 1543, Carlos V estableció el Virreinato del Perú con sede en Lima. Durante el siglo XVIII la creación de los Virreynatos de Nueva Granada (1739) y del Plata (1776) trajo aparejado la paulatina declinación de su poder en el resto de América del Sur.

Iniciado el proceso de independencia americano en la segunda década del siglo XIX, Perú se constituyó en el bastión del poder español, al punto que sólo a condición de su caída se aseguró el éxito del proceso de independización del resto de los países. Con ese fin, el General José de San Martín desembarcó en Pisco en setiembre de 1820 y en 1821 tomó Lima. En diciembre de 1822, con la presencia de Simón Bolivar, se declaró la República del Perú.

Como en la mayoría de los países de la Región, la transición entre el Perú colonial y la República atravesó enormes dificultades.

Después de una sucesión de gobiernos militares y civiles y con el propósito de acelerar el proceso de normalización institucional se convocó a la elección de una Asamblea Constituyente para 1978.

El 12 de julio de 1979 se aprobó una Nueva Constitución y en mayo de 1980 se realizaron elecciones para Presidente y de legisladores consolidándose la recuperación de las instituciones democráticas. En esas elecciones fue elegido como presidente el Ingeniero Fernando Belaúnde Terry de Acción Popular quien gobernó el país hasta 1985. En ese año, producto de las nuevas elecciones generales, el candidato del Partido Aprista Peruano (APRA), Dr. Alan García Pérez fue consagrado como su sucesor, siendo la primera vez que un candidato de ese partido, accediera a la Presidencia. En las elecciones de abril de 1990 los dos candidatos más votados Mario Vargas Llosa y Alberto Fujimori no alcanzaron la mayoría requerida por ley y se debió realizar una segunda vuelta electoral de la que surgió victorioso el Ingeniero Alberto Fujimori.

Aspectos institucionales y políticos

La constitución de 1979 —que fue reemplazada por la de 1993— definía al país como una república democrática y social basada en el trabajo, con un gobierno unitario, representativo y descentralizado. El mandato presidencial duraba 5 años e igual término se fijaba para los cargos en el Poder Legislativo que era bicameral: la Cámara de Diputados con 180 miembros y el Senado con 60 miembros. Estos últimos eran elegidos con el criterio territorial de las regiones. El Poder Judicial estaba constituido por una Corte Nacional de Justicia, el Ministerio de Justicia y una Corte Constitucional.

En lo que respecta a la división política del territorio, el país se hallaba dividido en 12 regiones, 24 departamentos y la provincia constitucional del Callao. Los departamentos se subdividían a su vez en provincias y distritos y contaban con sus asambleas regionales que nombraban a sus presidentes y a su consejo.

Las circunstancias políticas que condujeron a la convocatoria a elección de un Congreso Constituyente Democrático (CCD) requiere una breve revisión de los aspectos fundamentales del contexto político del Perú. Luego de la recuperación que se registró en los indicadores macroeconómicos en 1986 y 1987, una profunda crisis económica y social azotó al país desde 1988 y se expresó en índices inflacionarios lindantes con el 8.000% anual, una desocupación que afectó al 60% de la fuerza de trabajo, una caída del PBI per cápita de cerca de un 25% en dos años. Esta situación no demoró en manifestarse en la agudización de la violencia terrorista de Sendero Luminoso (SL) y del Movimiento Revolucionario Tupac Amarú (MRTA) y en la pérdida de legitimidad de los partidos políticos. La evidencia más clara de esto último se observó cuando los principales contendientes en la segunda vuelta electoral en las elecciones de junio de 1990 no mostraban ningún antecedente en cargos gubernamentales y llegaban a esas instancias representando a estructuras políticas de reciente creación.

En ese contexto, la elección de Alberto Fujimori como Presidente de la República —quien seis meses antes era prácticamente desconocido por la población— puso en evidencia la desacreditación ante la sociedad del sistema político y sus integrantes y significó un desafío institucional. Las políticas que aplicó su gobierno no respondieron al programa que se promocionó en la campaña proselitista y le restaron buena parte del apoyo de la clase política. La sociedad peruana enfrentaba una crisis aguda: violencia terrorista que invocaba reivindicaciones indigenistas, incremento de la acción del narcotráfico que conllevaba consecuencias en las relaciones internacionales, problemas económicos y financieros con los organismos de crédito internacionales y disputas políticas que impedían la gestación de una política consensuada.

Después de sucesivos choques entre el Poder Ejecutivo y el Poder Legislativo, el 5 de abril de 1992 el Presidente Fujimori clausuró la Asamblea Legislativa e intervino el Poder Judicial. Estas medidas repercutieron negativamente en el ámbito internacional generando reacciones de condena y la intervención de la comunidad interamericana por medio de la OEA. Luego de sucesivas consultas y negociaciones entre el gobierno y las fuerzas políticas, el Presidente Fujimori convocó a elecciones para la constitución del CCD el 22 de noviembre de 1992 e invitó a la OEA a observar el acto electoral.

El cumplimiento de la Misión en el Perú significó la presencia de retos y circunstancias nuevas para la Observación, que no se habían conocido ni enfrentado en los países en donde anteriormente se adelantó el mismo género de actividad.

Gran parte de las fuerzas y partidos políticos existentes en el Perú no participaron en las elecciones para el CCD. Partidos con una presencia electoral significativa en el pasado reciente, como Acción Popular (AP), el APRA o el Movimiento Libertad y algunos sectores de izquierda, optaron por marginarse de un evento electoral al que no le reconocieron legitimidad.

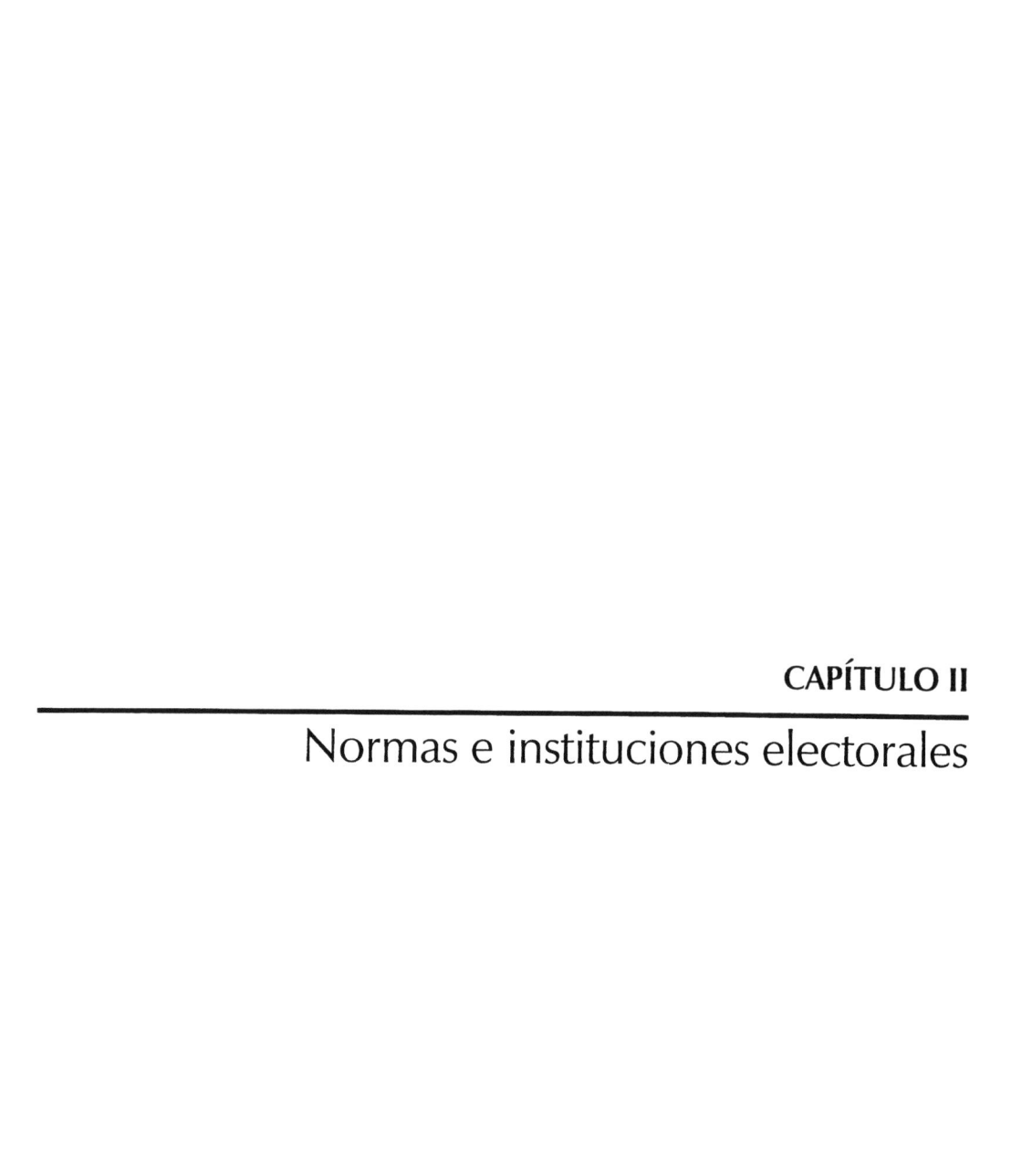

CAPÍTULO II
Normas e instituciones electorales

En esta sección se expondrán brevemente los aspectos más destacados del sistema electoral del Perú que rigió las elecciones que fueron objeto de la observación de la OEA. Cabe señalar que al momento de convocarse a la elección del CCD se vivía una excepcional situación jurídica y política que se derivaba de la ausencia de la Asamblea Legislativa y la intervención del Poder Judicial. Por esta razón, el Poder Ejecutivo dictó los decretos que regularon las contiendas, que a su vez, en diferentes casos, remitían a la Ley 14.250.

El sistema electoral

El sistema electoral peruano se caracteriza por el carácter *ad-hoc* que revisten sus disposiciones legales y el funcionamiento de las autoridades electorales. Por otra parte, el Registro Electoral, que es la única institución del sistema que funciona permanentemente, no ha contado con los recursos materiales, humanos y técnicos necesarios al buen y sostenido desarrollo de sus labores.

a) La Ley Electoral

Con el acto de convocatoria de las elecciones para el CCD, el Gobierno mediante el Decreto Ley 25.684 emitió las normas legales que regieron el proceso electoral del 22 de noviembre de 1992, con las modificaciones introducidas por los Decretos Leyes 25.686 del 24 de agosto y 25.700 del 31 de agosto del mismo año, sin perjuicio de la aplicación de las normas del Decreto Ley 14.250 en cuanto fuesen aplicables.

Este conjunto normativo abordó la inscripción de las fuerzas políticas, la conformación de la autoridad electoral que dirigió los comicios, la forma y regulación de la elección, la naturaleza y competencias del CCD, y toda otra materia inherente al proceso electoral. A continuación se hará referencia a las autoridades electorales.

b) El Jurado Nacional de Elecciones

Es la autoridad suprema en materia electoral y contra sus decisiones no procede recurso alguno. Sus resoluciones son de obligatorio cumplimiento por las autoridades a quienes se dirija. El JNE se halla constituido por 7 miembros elegidos como sigue:

- uno por la Corte Suprema de Justicia, entre los miembros suplentes de esa Corte, y quien presidirá el Jurado;
- uno por el Comité Ejecutivo de la Federación Nacional de Colegios de Abogados, entre quienes integren o hayan integrado los organismos directivos de esa institución;
- uno por la Junta Directiva del Colegio de Abogados de Lima, entre quienes integren o hayan formado parte de sus Juntas Directivas;
- uno por el Consejo Inter-Universitario, entre los catedráticos principales de las Facultades de Derecho de las Universidades Nacionales; y
- tres sorteados entre los ciudadanos elegidos por los Jurados Departamentales de Elecciones.

Los miembros del JNE, con excepción del Presidente que continúa en ejercicio de sus funciones, cesan en éstas al instalarse el Congreso en Legislatura Ordinaria. Esta peculiar circunstancia explica la falta de continuidad que se observa en el JNE y que afecta sustancialmente su capacidad organizativa, administrativa y de gestión de los procesos electorales.

Al momento de realizarse las elecciones del CCD los miembros del JNE eran los siguientes:

Dr. Cesar Polack Romero, Presidente
Dr. Gustavo Palacios Pimentel
Dr. Juan Chávez Molin
Dr. Benjamín Padilla Bazán
Dr. Pedro Loly Márquez
Prof. Raúl Izquierdo Puell
Dr. Américo Vera Antillaqui

c) Los Jurados Departamentales de Elecciones

En cada una de las capitales departamentales existe un Jurado Departamental de Elecciones (JDE) que tiene a su cargo la ejecución y control del proceso electoral en dicha jurisdicción. Los JDE se hallan constituidos por cinco miembros:

- uno elegido en Sala Plena por la Corte Superior del respectivo Distrito Judicial, entre los Magistrados y Fiscales jubilados así como los cesantes por renuncia voluntaria de la misma Corte, quien presidirá el Jurado, y
- cuatro designados por sorteo por el JNE, entre la lista de quince (15) ciudadanos que cada Corte Superior le proporcionó en el plazo de quince días contados a partir de la vigencia de la ley.

Los miembros de los JDE tienen igualmente un período corto para el desempeño de sus funciones puesto que cesan en estas al momento en que se haga la proclamación de los representantes al Congreso.

d) Las Mesas de Sufragio

En cada circunscripción distrital de la República hay tantas Mesas de Sufragio como libros de inscripción electoral les corresponda, debiendo tener cada mesa la misma numeración de libro de inscripción respectivo. Cada libro cuenta con doscientos (200) inscritos como máximo.

Cada Mesa de Sufragio está compuesta por tres miembros titulares, sorteados en acto público por el JDE entre los electores con mayor grado de instrucción, que contenga la lista que corresponda a la mesa. Quienes ocupan el primero y segundo lugar se desempeñan como presidente y secretario respectivamente. Además se sortean otros tres como miembros suplentes.

El sorteo puede ser fiscalizado por los Personeros de los partidos políticos, agrupaciones independientes y alianzas, debidamente acreditados ante el JDE. Luego del sorteo se remite un duplicado del acta hasta el JNE y otra copia se guarda en los archivos del JDE.

Existen una serie de circunstancias que impiden ser autoridades de Mesa. No pueden ser miembros de las Mesas de Sufragio:

- los candidatos a Congresistas y los Personeros;
- los funcionarios y empleados del JNE y del Registro Electoral del Perú;
- las autoridades políticas y los miembros de los Consejos Municipales;
- los ciudadanos que integren los comités directivos de los partidos políticos, agrupaciones independientes y alianzas inscritos ante el JNE;
- los cónyuges y parientes dentro del segundo grado de consanguinidad o segundo de afinidad entre los miembros de una misma mesa.

El cargo a miembro de una Mesa es irrenunciable, salvo los casos de notorio o grave impedimento físico o mental, necesidad de ausentarse del territorio de la República o ser mayor de 70 años.

e) Las Fuerzas Armadas y las elecciones

Las Fuerzas Armadas tienen un papel muy importante en la realización de las elecciones.

En primer término, se les confió, especialmente en este proceso electoral, todo lo relativo al apoyo logístico, sin el cual no hubiese sido posible el transporte a tiempo del material electoral a todos los distritos del país.

Asimismo, las Fuerzas Armadas velan por la seguridad física de los centros de votación, de las autoridades electorales y de las personas que concurren a votar.

Por otra parte, la Ley Electoral confía a las Fuerzas Armadas un papel muy especial en ciertos aspectos del desarrollo de la elección y de los escrutinios. El Art. 66 del Decreto

Ley 25.684 preveía, en relación con la constitución de las Mesas de Sufragio que, si no hubiesen concurrido ni los titulares ni los suplentes, el miembro de la Fuerza Armada o de la Policía Nacional a cargo de la vigilancia del orden del sufragio, escogiera a tres electores entre los que se encontraran presentes, de manera que la Mesa de Sufragio comenzara a funcionar.

El Art. 99 del mismo Decreto Ley estipulaba que el formulario que contuviera las observaciones o reclamaciones formuladas por los Personeros durante el escrutinio llevara, además de las firmas del Presidente de la Mesa y del Personero que formuló la observación o la reclamación, la del miembro de la Fuerza Armada que tuviera a su cargo la vigilancia del orden del sufragio. Este formulario debía extenderse por triplicado, uno con destino al JDE, el segundo al Personero y el tercero al representante de la Fuerza Armada.

El Art. 107 del mismo Decreto Ley dispuso que de los tres ejemplares del Acta Electoral se enviaran uno al JNE, otro al JDE y el tercero se entregara al miembro de la Fuerza Armada encargado de supervigilar el orden. El JDE podría solicitar este último ejemplar, en caso de no recibir oportunamente el remitido por la Mesa de Sufragio.

Evaluación de las normas y las instituciones electorales

Muchos son los aspectos que deben revisarse al momento de evaluar las situaciones en las que se efectuaron las contiendas electorales en el Perú.

El Decreto Ley 25.684 fue visto por algunos partidos políticos como un acto unilateral que impuso las reglas de juego para la elección del CCD. Posteriormente, el Gobierno introdujo modificaciones a ese primer Decreto Ley, mediante la expedición de otro Decreto de la misma naturaleza, en el que corrigió algunas disposiciones recogiendo el contenido de varios de los reparos formulados por las fuerzas políticas.

Después de la expedición del Decreto Ley 25.701, en el que se hicieron precisiones a los Decretos anteriores, subsistieron críticas a algunas disposiciones y a la interpretación que el gobierno dio a varias de éstas. Las principales fueron las siguientes:

- La Disposición Complementaria Cuarta, según la cual las leyes que sancionara el CCD modificatorias de las normas de carácter legislativo expedidas por el Gobierno desde el 5 de abril de 1992, no anulaban los actos de gobierno del Poder Ejecutivo.
- El Artículo 14-3, visto como una limitación a la inmunidad parlamentaria y que preveía que la Corte Suprema de Justicia admitiría y procesaría las denuncias contra los Congresistas en los casos de peculado y concusión o delitos comunes flagrantes, sin necesidad del antejuicio político.
- El Art. 145, considerado como un recorte a la autonomía del CCD al contemplar que el presupuesto de este sería asignado por el gobierno en relación directa a los ingresos del Tesoro Público y a su adecuada distribución entre los distintos pliegos.
- El Art. 129, según el cual era necesario, para introducir un recurso de nulidad ante el JNE, depositar una fianza por la suma de 100.000 soles por provincia, lo que, en el caso de un recurso de nulidad de toda la elección, haría menester un

certificado de depósito por 16.600 millones, ya que el Perú cuenta con 166 provincias.
- El Art. 1 del Decreto Ley 25.701, mediante el cual el gobierno dejó sin efecto una decisión del JNE por la que había autorizado la inscripción de los partidos que integraron alianzas en las elecciones de 1990, que recibieron más del 5% de la votación. Por medio de este artículo se dispuso que se considerara vigente el registro electoral de los partidos políticos siempre y cuando hubieran individualmente en las últimas elecciones obtenido un porcentaje no menor al 5% o hubieran participado integrando alianzas de partidos que obtuvieron una votación tal que dividida entre el número de los partidos integrantes, permita atribuir a cada uno de ellos, individualmente, un porcentaje no menor al 5%.

Entre los defectos estructurales más relevantes en la estructura legal que rigió las contiendas electorales en el Perú se pueden señalar:

- La ausencia de una autoridad electoral estable, que por un plazo razonable se encargará de organizar y controlar todos los procesos electorales, en lugar de la designación *ad-hoc* para cada ocasión de esta naturaleza.
- La inexperiencia y desconocimiento de la normativa por parte de la autoridad electoral, a consecuencia del punto anterior.
- El escaso tiempo que resultó del cronograma político para la preparación y organización de las elecciones, que afectó tanto a la autoridad electoral como a las fuerzas políticas participantes.
- Un complicado sistema comicial, que combinado con el disparejo nivel sociocultural de los ciudadanos entre quienes se reclutaban los miembros de mesa, más las dificultades infraestructurales para el traslado de los materiales electorales y la familiarización anticipada con los mismos de parte de los involucrados, abrían un ancho espacio para los errores humanos a lo largo de todo el proceso. Asimismo, pareció poco apropiado la destrucción de las cédulas de sufragio luego del escrutinio de la mesa, lo que imposibilitaba la verificación efectiva de la voluntad del ciudadano toda vez que se plantean observaciones en las actas durante el escrutinio en el JDE, que obligaba a recurrir, en su caso, a las actas que obraban en poder de las FF.AA, organización no especializada en materia electoral.
- Cabe también resaltar, como uno de los más graves defectos, el hecho de que el "Acta de Escrutinio", formulario donde se registraba el resultado emergente del conteo en las Mesas de Sufragio, no contaba con espacios reservados para la firma de los miembros de Mesa y de los Personeros, emergiendo de ello la existencia de numerosas actas "anónimas", cuyo origen" era absolutamente inverificable.

CAPÍTULO III
Las elecciones del Congreso Constituyente Democrático

Con vista de los sucesos acaecidos en el Perú el día 5 de abril de 1992 y en cumplimiento de la responsabilidad que le confirió la Asamblea General mediante la Resolución 1080, el Secretario General solicitó de inmediato una reunión del Consejo Permanente de la Organización de los Estados Americanos. El 6 de abril, este órgano decidió convocar a una reunión *ad hoc* de ministros de Relaciones Exteriores, la que celebró su primera sesión el día 13 de abril, en la sede de la Organización, en Washington D.C.

En esa misma fecha, la Reunión *Ad Hoc* aprobó la Resolución 1/92. Mediante el párrafo resolutivo 6, la Reunión *Ad Hoc* solicitó a su Presidente, junto con los Cancilleres que él invitara, y al Secretario General que se trasladaran al Perú para promover de inmediato un diálogo entre las autoridades del país y las fuerzas políticas y otros sectores democráticos, dirigido a establecer las condiciones y el compromiso entre las partes para el restablecimiento del orden institucional democrático, dentro del pleno respeto a la separación de poderes, los derechos humanos y el estado de derecho.

En la sesión que se celebró el 18 de mayo de 1992, la Reunión *Ad Hoc*, después de escuchar el informe presentado por la Misión constituida conforme al párrafo resolutivo 6 y la exposición del Presidente del Perú, aprobó la resolución 2/92 por la que tomó conocimiento del compromiso contraído por el Presidente Alberto Fujimori de convocar a la elección de un Congreso Constituyente, y recomendó al Secretario General prestar la asistencia que le fuere formalmente requerida, inclusive la observación electoral, para el pronto retorno al sistema de gobierno democrático representativo.

A principios de junio, el Gobierno del Perú solicitó formalmente al Secretario General asistencia técnica para el JNE y la observación del proceso de elección del CCD, conforme al párrafo resolutivo 3 de la Resolución 2/92 de la Reunión *Ad Hoc*.

En la sesión del Consejo Permanente del 28 de septiembre de este año, el Secretario General informó que después de firmar el acuerdo correspondiente sobre privilegios e inmunidades, había enviado al Perú una Misión Electoral y Asistencia al JNE, en relación con la elección de los 80 miembros del CCD, convocada para el 22 de noviembre de 1992.

Organización de la Misión

El Secretario General designó a su Asesor Especial, Mario González Vargas, Coordinador General de la Misión. El Coordinador General llegó a Lima, con un contingente de diez personas el 8 de octubre de 1992. Posteriormente, los distintos integrantes de la Misión hicieron su arribo los días 15 y 21 de octubre y el 6 de noviembre de 1992.

El día 18 de noviembre viajó a Lima el Secretario General a fin de observar personalmente las elecciones para integrar el CCD. Lo acompañaron en calidad de invitados especiales las siguientes personas: Licenciado Fernando Andrade Díaz Durón, ex-ministro de Relaciones Exteriores de Guatemala; Dr. Sahadeo Basdeo, ex-Ministro de Relaciones Exteriores de Trinidad y Tabago; Embajador Luigi R. Einaudi, Representante Permanente de los Estados Unidos ante la OEA; Dr. Pedro Gordilho, ex-Presidente del Tribunal Electoral de Brasil; Dr. Raúl Ricardes, Director General para América del Sur, Ministerio de Relaciones Exteriores de Argentina; Sr. Raúl Lago, ex-Ministro de Estado del Uruguay; Dr. José María Obando, Magistrado del Consejo Electoral de Colombia, y Sr. J. Barry Turner, miembro de la Comisión de Relaciones de Trabajo en la Función Pública de Canadá.

El Presidente de la Reunión *Ad Hoc* de ministros de Relaciones Exteriores, Dr. Héctor Gros Espiell, Ministro de Relaciones Exteriores del Uruguay, acompañó al Secretario General y a sus invitados en todas las actividades del domingo 22.

A solicitud del Gobierno del Japón, se incorporaron al Grupo de Observadores de la OEA los señores Akira Uraba, Director General Adjunto para América Latina y el Caribe del Ministerio de Relaciones Exteriores, y Shigeo Osonoi, investigador del Instituto de Economías en Desarrollo de ese país. Igualmente, a pedido del Embajador Luigi R. Einaudi, pasaron a integrar el Grupo de Observadores, el domingo 22, nueve funcionarios de Estados Unidos que prestaban servicios en los poderes ejecutivo y legislativo de ese país.

El día de las elecciones, la Misión contó con la colaboración de 228 personas distribuidas en todo el territorio del Perú.

a) *Las estrategias y procedimientos de la Misión*

En virtud de las especiales circunstancias del Perú, la Misión realizó un trabajo de adaptación de sus estrategias y procedimientos que le permitieron cumplir sus tareas con la eficacia esperada. Para ese efecto, redujo el nivel de su visibilidad con el propósito de evitar el riesgo al que se pudiera ver expuesta colectivamente y aminorar la inseguridad que pudiera afectar individualmente a cada observador, para concentrar su labor en la observación de las fases e instancias más críticas del proceso y acentuar su relación con los protagonistas y responsables del mismo.

La primera tarea fue la de entrar en contacto con las autoridades encargadas en las instancias nacionales y departamentales de regir el proceso electoral. Para dar marco a esta relación, el Secretario General suscribió con el JNE una Guía de Procedimiento, destinada a regular los pormenores de las relaciones de las autoridades electorales con el Grupo de Observadores, así como a definir las relativas a la asistencia técnica.

Las relaciones con las fuerzas políticas ha sido siempre un aspecto de mucha importancia en las observaciones electorales. En el caso de la elección del CCD, su necesidad se vio acentuada por el hecho de que el 60% de las agrupaciones que se presentaron a las elecciones, nacieron a la vida jurídica con ocasión de este proceso electoral. Igualmente se mantuvieron contactos con los partidos políticos que desistieron de participar en las elecciones.

La Misión mantuvo permanentes relaciones con las autoridades del Gobierno, tanto a nivel nacional por medio del Ministerio de Relaciones Exteriores, como con los diferentes departamentos y distritos con las autoridades correspondientes. Asimismo, las especiales condiciones de seguridad y de orden público en el Perú y el destacado papel que le confiere la Ley Electoral a las Fuerzas Armadas, hicieron necesarios un nivel apropiado y constante de contactos entre las Fuerzas Armadas y la Misión.

A continuación se describe brevemente la estructura organizativa de la MOE al CCD. Así se describen los aspectos administrativos, los diferentes sistemas utilizados para organizar el seguimiento sistemático del proceso electoral, las comunicaciones, la previsiones sobre seguridad y las actividades de prensa que se desarrollaron, las actividades de capacitación de los observadores y la forma en que se trabajó para la captación de la muestra estadística de los resultados.

b) *Aspectos administrativos*

La Dirección de la Misión de Observadores de la OEA en el Perú estuvo a cargo del Secretario General, Joao Clemente Baena Soares, con la Coordinación General de Mario González Vargas y una Sub-coordinación a cargo de Diego Achard.

La observación contó con un apoyo administrativo suministrado por la Administración Central, Finanzas, Comunicaciones y Seguridad. Al mismo nivel estuvo el apoyo técnico, formado por el sistema electoral, el muestreo estadístico, recabación de denuncias e Informática.

Los 228 observadores de la OEA se distribuyeron en cinco regiones: Piura, Trujillo, Cusco, Arequipa y Lima. En las cuatro primeras hubo el 59,7% del electorado (16,8% en Piura, 16,6% en Trujillo, 8,3% en Cusco y 18,0% en Arequipa). El área de observación de Lima, que comprende la provincia de Lima y Callao y los departamentos de Ica, Huancavelica y Junín, cuenta con el 40,3% restante de los electores. Los observadores se distribuyeron en la misma proporción, es decir, el 60% de ellos en las cuatro primeras regiones y el 40% en la de Lima.

En cada una de las ciudades nombradas se estableció una sede de observación, a cargo de un coordinador, y en cada uno de los departamentos que integran cada región, una sub-sede. Para dar una idea del alcance de la cobertura de los observadores de la OEA, se puede mencionar que en la región de Piura se establecieron 16 puntos de observación; en Trujillo, 19; en Cusco, 12 y en Arequipa, 31. Estos puntos se situaron en la costa, la sierra, la selva alta y el Amazonas. En la región de Lima se observó el 85%

del área, con cobertura total en las ciudades de Lima y Callao y observadores en las ciudades de Ica, Nazca, Pisco y Chincha, en el Departamento de Ica; en Huancavelica, capital del departamento del mismo nombre; y en las de Huancayo, Jauja y Concepción, del Departamento de Junín.

c) *Sistemas utilizados*

Con el propósito de organizar sistemáticamente las diferentes actividades correspondientes a la Observación Electoral y para facilitar la evaluación de la información acopiada se dispuso la adaptación y elaboración de instrumentos para el análisis de las etapas del proceso electoral. Para ello, se recurrió a las guías y formularios de observación que ya se habían utilizado en otras misiones, y en los casos que fueron necesarios, se diseñaron nuevos.

Respecto al sistema utilizado para la recepción de quejas y denuncias se debió tener en cuenta que la Ley de Elecciones para el CCD (Decreto Ley 25.684) refería a tachas contra el registro de los candidatos (Art. 46) las cuales debían ser fundadas, es decir, documentadas y presentadas al JNE. Los partidos políticos tenían derecho a denunciar arbitrariedades, anomalías y demoras en las fases del proceso. A los personeros se les exigía credencial otorgada por el JNE o el JDE. La ley le otorgaba a todo ciudadano el derecho a presentar denuncias sobre agresiones o irregularidades del proceso electoral ante las autoridades pertinentes. Los personeros podían impugnar actos de los electores (Art. 83 al 86) y tenían el derecho de examinar las cédulas leídas y denunciar irregularidades ante el Fiscal Provincial, quien también podía denunciar a los personeros (Art.96 a 99).

Las fases del proceso que podían ser fuente de denuncias eran:

- Inscripción de las agrupaciones contendientes
- Depuración de firmas
- Aceptación de agrupaciones
- Presentación y depuración de listas de candidatos
- Conformación de Jurados Departamentales
- Conformación de miembros de Mesas de Sufragio
- Acreditación de personeros
- Envió de materiales electorales
- Ubicación de lugares de votación
- Inspección de los mismos
- Irregularidades o arbitrariedades en el sufragio
- Firma de Actas Electorales
- Impugnaciones de votos
- Escrutinio en las Mesas de Sufragio
- Revisión de Actas en los Jurados Departamentales
- Solución de impugnaciones en el JDE
- Fallo final del JNE

Las exigencias legales condicionaron la presentación de denuncias ante la Misión. Los denunciantes vieron en ella no un conducto directo para sus denuncias, sino un medio internacional para ejercer presión a favor de sus causas legalmente presentadas. Por su parte, los observadores recogieron diversas denuncias indirectas, que les fueron presentadas en entrevistas, cartas, llamadas telefónicas o escuchadas a través de los medios de comunicación masiva.

Con el objeto de recoger sistemáticamente la información relativa a denuncias, se diseñó el Formulario de Observación N° 1.1 con las siguientes categorías:

- Código (Departamento, Provincia, Distrito), fecha y nombre del observador
- Identificación del denunciante: nombre, cargo y dirección
- Identificación del denunciado: autoridad, nombre y cargo
- Medio de conocimiento del hecho
- Breve descripción del hecho
- Calificación del hecho: agresiones contra partidos políticos, personas o bienes, acciones arbitrarias, ilegalidades u omisiones de autoridades o partidos
- Gestión de la observación: acción inmediata y seguimiento (por carta, entrevista y teléfono)
- Resultados de la gestión de la Misión

En forma similar se actuó en relación con los sistemas de escrutinio y de prevención del fraude. El equipo técnico de la Misión, adelantó una revisión completa del Sistema de Escrutinios del JNE, incluyendo el análisis conceptual, la estructura de datos, el diseño de las bases, la revisión de los programas, los niveles de seguridad, los códigos de acceso y las pruebas unitarias y modulares en las etapas de ingreso y consolidación, tanto en el nivel departamental como en el nacional. Asimismo, este equipo técnico participó en los simulacros con datos de prueba para el sistema de escrutinios e intervino en la prueba final de los sistemas, comprobando el grado de confiabilidad y seguridad de los mismos.

Por otra parte, los analistas integrantes del equipo técnico desarrollaron un programa CHECK SUM cuyo objetivo fue el de controlar y detectar cualquier posible alteración en la versión definitiva de los programas a ser utilizados en el proceso de escrutinios.

d) *Comunicaciones*

Debido a la topografía y a la extensión territorial del país se determinó estructurar el sistema de comunicaciones de la Misión en base a tres redes que se complementan entre sí:

- Red HF-SSB, como enlace vertebral del sistema, que proporcionaba comunicación autónoma, sin dependencia de repetidoras, entre las 5 bases principales: Lima, Piura, Trujillo, Arequipa y Cusco como con algunas subsedes regionales: Chiclayo, Jaen, Pucallpa, Tarapoto, Abancay, Sicuani, Ica, Huancavelica, Tacna y Puno.
- Red UHF, proporcionó cobertura regional para vehículos y walkie-talkies en las áreas de Lima, Piura, Trujillo, Arequipa y Cusco, ampliándose esta cobertura en las cuatro primeras mediante la utilización de repetidoras.

- Red administrativa, basada en el sistema autónomo de trasmisiones fax entre computadoras de la Misión y en la utilización de la infraestructura estatal-comercial existente, tales como teléfonos fijos, teléfonos celulares, telex y fax telefónico. Esta infraestructura permitió la comunicación adicional con 18 sub-bases regionales.

Para la puesta en marcha del sistema se utilizó la totalidad del equipo recibidos de la sede de OEA en Washington, reforzado con aquellos alquilados localmente, componiendo un total de 164 aparatos operacionales, entre repetidoras, bases, móviles y portátiles.

e) *Seguridad y prensa*

La seguridad personal de los observadores fue garantizada por el Gobierno del Perú mediante acuerdo con el Secretario General. La Secretaría General contrató a especialistas en la materia, quienes coordinaron su labor estrechamente con las autoridades nacionales. La responsabilidad directa por la seguridad de los observadores recayó en las Fuerzas Armadas del Perú.

El equipo de prensa estuvo conformado por tres periodistas, quienes fueron el vehículo entre la OEA y los medios de comunicación, bajo la dirección del Coordinador General de la Misión.

f) *La capacitación de los observadores*

Se realizó un proceso de capacitación de los observadores destinado a:

- preparar y facilitar la tarea de los Coordinadores Regionales;
- sistematizar y profundizar el análisis de la legislación electoral vigente;
- reducir los niveles de ansiedad por medio de informaciones de orden general sobre el país, la situación política, el proceso de observación, las funciones del observador y otras;
- integrar a los observadores, propiciando actividades conjuntas y evitando la dispersión en los días previos a la iniciación de las tareas de observación;
- poner en contacto directo a la totalidad de los observadores con la Coordinación General, autoridades electorales, políticas y demás.

Considerando estos aspectos, se hizo necesario fijar los alcances del proceso de capacitación, y establecer sus propósitos y logros esperados. De acuerdo con los niveles de información y destreza que se esperaba alcanzar, se acordó plantear la tarea en términos de "Sesiones de Información" y como etapa inicial un proceso de capacitación que continuó y se intensificó en las Coordinaciones Regionales.

Cabe señalar, que el equipo de capacitación, se propuso desde el principio, el ajuste metodológico, en función del desarrollo de las sesiones con los grupos, ya que no se tenía información anterior de los participantes, siendo éste un aspecto fundamental para asegurar el éxito de cualquier proceso educativo.

En este caso, los grupos fueron grandes y muy heterogéneos: distintas edades, nacionalidades, pautas culturales, experiencias, profesiones, idiomas y demás. Por otra parte, en esta Misión, hubo un porcentaje muy alto de observadores nuevos (estimado en 83,5%), es decir, sin experiencia anterior en las MOE de la OEA y con las consiguientes expectativas respecto de las características de la Misión. Ambos aspectos hicieron más compleja la tarea.

g) *La muestra estadística*

La Misión desarrolló y ejecutó un esquema de previsión estadística de los resultados de la elección, mediante la aplicación de una muestra y la determinación de métodos estadísticos apropiados para la previsión de los resultados. Los resultados de esta muestra se exponen más adelante.

La asistencia técnica

La Misión adelantó conversaciones con los miembros del JNE con el fin de determinar las áreas en las que se prestaría la asistencia técnica solicitada por el Gobierno del Perú. Se identificaron dos campos: el de la capacitación de los miembros de los órganos subalternos del JNE y el sistema de cómputo.

a) *La capacitación*

El 9 de octubre el Coordinador General designó a las personas que se harían cargo de la asistencia técnica en el campo de la capacitación. Este equipo técnico elaboró tres planes destinados a la capacitación de los distintos niveles de participantes en el proceso electoral, adaptándolos en cada caso a las posibilidades de tiempo y recursos existentes.

El primer plan fue presentado al JNE el 21 de octubre de 1992. Este plan tenía como destinatarios a los integrantes de las Mesas de Sufragio, a los Miembros de los JDE y a los Registradores Distritales, convenido con el Presidente del JNE.

El JNE en Sesión Plenaria consideró innecesario incluir a los Miembros de los JDE entre los destinatarios de la capacitación. De acuerdo con esa decisión del JNE, la Misión presentó una nueva propuesta el 27 de octubre de 1992. Al tomar conocimiento de esta propuesta, el JNE comunicó a la Misión que su Dirección de Relaciones Públicas había, con anterioridad, elaborado un plan similar y que consideraba útil que se tomaran en cuenta las coincidencias que pudieran registrar ambos proyectos.

El 4 de noviembre se recibió copia del plan elaborado por la dependencia del JNE. En reunión sostenida con los miembros de la autoridad electoral, se consideró imposible la revisión y aplicación del trabajo de Relaciones Públicas del Jurado en razón a las premuras del tiempo. Ese mismo día, la Misión presentó a consideración del JNE una propuesta alternativa de emergencia dirigida específicamente a los Miembros de las Mesas de Sufragio y complementariamente a los JDE y a los Registradores Distritales.

El 13 de noviembre, los miembros del JNE, el Sr. Padilla y el Sr. Izquierdo, junto con los funcionarios de Relaciones Públicas de ese organismo, los Sres. Ayala y Trujillo, manifestaron a los técnicos de la Misión: que la capacitación de los miembros de las Mesas de Sufragio no resultaba imprescindible en razón de que éstos son elegidos entre las personas de mayor nivel educativo, los que además, en la mayoría de los casos, tienen experiencia previa en el ejercicio de estas funciones. Además de ello, los funcionarios informaron a la Misión que el JNE no dispuso de fondos para la ejecución de la propuesta de emergencia, presentada por la Misión, y que tomarían de la propuesta de la Misión los aspectos que consideraban podían ser aplicados en el marco de las restricciones de tiempo y de recursos.

Con la presentación de la propuesta de emergencia, la Misión consideró terminada su actividad de asistencia técnica al JNE en el ramo de la capacitación.

En los tres proyectos presentados, se utilizó la modalidad a distancia, centrada en el uso de los medios de difusión masiva. Para la primera propuesta, se consultó con la Universidad de Lima, Facultad de Ciencias de la Comunicación, sobre la factibilidad de la producción de materiales didácticos para radio y televisión, en un intento de lograr la mayor calidad académica y técnica en el tratamiento del tema.

b) *Sistemas de cómputo*

Al inicio de estas labores, el equipo técnico de la Misión desarrolló actividades de monitoreo, supervisión y asesoramiento en el área de sistemas del JNE. La asistencia en este campo tropezó inicialmente con la negativa de la firma contratada por el JNE de dar información a los técnicos de la Misión, sin la cual resultaba imposible otorgar la asistencia solicitada. Después de la comunicación dirigida por el Coordinador General, Dr. Mario González al JNE, solicitándole que ordenara a sus contratistas informar a los técnicos designados por la Misión de OEA, el flujo de información mejoró y la actividad pudo iniciarse.

Para la depuración del padrón electoral se tomó como fuente el Padrón de 1990 que contaba con 9.690.000 registros. Este Padrón fue sometido a dos fases de depuración de altas y de bajas, introduciéndole las modificaciones producidas por nuevas inscripciones, fallecidos, series anuladas, actualizaciones, información sobre militares y policías en servicio activo, las que incrementaron el número de registros a 11.245.463.

Este proceso de depuración del Padrón realizado por los técnicos del JNE, con apoyo de la empresa contratada, no alcanzó su objetivo final, el de depurar el Padrón en su totalidad, a pesar de que el sistema y los programas utilizados fueron confiables pero se vieron afectados por la mala calidad de la información y por el retraso con que ésta fue entregada.

Otra fase de relevancia era la revisión del proceso de depuración de las planillas presentadas por las fuerzas políticas con miras a obtener su inscripción para el proceso electoral del CCD. El 11 de octubre de 1992, a menos de 40 días de la elección, se inició este proceso.

De acuerdo con la Ley Electoral, los partidos políticos, las agrupaciones independientes y las alianzas que para el efecto se constituyesen debían, al momento de tramitar su inscripción, acompañar su solicitud con una relación de adherentes no menor de 100.000 personas con la firma y el número de la libreta electoral de cada uno de ellos. Ninguno puede adherir a más de un partido político, agrupación independiente o alianza.

En virtud de las disposiciones legales los partidos, PPC, Solidaridad y Democracia (SODE) tenían vigente su inscripción por haber obtenido en las elecciones pasadas más del 5% de los sufragios. Asimismo, las agrupaciones Frente de los Trabajadores Campesinos (FRENATRACA) y Frente Popular Agrícola del Perú (FREPAP), con anterioridad habían presentado sus listas de adherentes y obtenido su inscripción definitiva.

El JNE dispuso que la Dirección del Registro Electoral comprobara la autenticidad de las relaciones de adherentes. Para tal efecto, la Dirección de Procesamiento del Registro Electoral del Perú, con apoyo de un sistema computarizado, realizó el control y validación bajo los siguientes parámetros:

- mantener y procesar la información contenida en las planillas de adherentes de acuerdo con el orden de su entrega al JNE;
- verificar el número secuencial de página de las planillas de adherentes, así como el nombre del partido político, agrupación independiente o alianza, el que debe constar en la parte superior de cada planilla con el sello correspondiente;
- comprobar la repetición de los adherentes en las planillas de la misma fuerza política así como en las planillas presentadas por las otras fuerzas políticas;
- comprobar la existencia del número de la libreta en el padrón electoral;
- comprobar los números de las libretas electorales anuladas;
- emitir un listado con los resultados obtenidos para la notificación a los Personeros de los partidos políticos, agrupaciones independientes y alianzas.

Para adelantar esta tarea, se utilizaron los siguientes procedimientos:

- captura de los siguientes campos de información contenidos en las planillas de adherentes: número de diskette en 4 posiciones; número de la lista en 5 posiciones; número del orden de entrega de las planillas en 5 posiciones; número de la página en 5 posiciones; número de la libreta electoral en 8 posiciones;
- validación de los campos ingresados y emisión de las inconsistencias para su posterior revisión visual;
- corrección de los registros mal ingresados en digitación;
- invalidación de duplicados dentro de la misma lista;
- invalidación de duplicados en otras listas;
- confrontación de los registros válidos de este primer proceso con el padrón electoral para la obtención del nombre que corresponde a ese número de libreta electoral;
- emisión del listado correspondiente para la verificación visual entre el nombre que figura en el padrón y el que consta en la planilla;
- retroalimentación de los registros recuperados o eliminación de los registros errados;
- confrontación de los registros recuperados con el padrón electoral;
- emisión del informe final con la especificación de los diferentes códigos de error y de los totales por cada uno de ellos.

El equipo técnico sometió este sistema a un examen riguroso, realizando todas las pruebas pertinentes y un estricto seguimiento a la etapa operativa del proceso. En los procesos de revisión, numeración, digitación y verificación se detectaron inicialmente algunos problemas que fueron subsanados rápidamente. En relación a estos problemas puede comentarse que los programas al principio no se ajustaron del todo a los estándares normales de desarrollo y procedimiento en razón de la premura con que se inició la fase de captura de datos. Sin embargo, los ajustes pertinentes se fueron realizando en la medida en que se fueron presentando estos problemas.

Esta misma premura llevó a que los procesos de captura de datos y de verificación se iniciaran sin que se contara con instrucciones sobre los procedimientos, lo que originó algunos errores iniciales. Sin embargo estos fueron corregidos al ser detectados por las seguridades propias del sistema y gracias a la verificación visual hecha por el equipo de control de calidad. De esa manera, el margen de error disminuyó drásticamente, situándose en un 0,65%, porcentaje más que aceptable ya que el común para este tipo de procesos es del orden del 2,5%. El sistema tiene un alto grado de confiabilidad pero sin embargo no funcionó con toda la eficiencia esperada, por razón de la inexperiencia en el manejo del mismo.

c) La asistencia técnico-administrativa

En las dos fases anteriormente descritas, la tarea de la Misión se concretó más a la revisión de los sistemas empleados que a la asistencia técnica propiamente dicha que ya había sido encomendada a la firma contratada para el diseño de los sistemas, la IBM, y apoyada por una Misión del Programa de Naciones Unidas para el Desarrollo (PNUD) que se encontraba trabajando desde antes de la llegada de la Misión de la Organización.

No obstante, fue posible proporcionar asistencia técnicoadministrativa al JNE y a los JDE en las fases electoral y post-electoral, haciendo sugerencias en lo relativo al diseño de documentos, optimización de procedimientos que permitieron agilizar y mejorar los procedimientos establecidos para el escrutinio.

El proceso de observación electoral puede ser separado en tres grandes momentos: el período pre-comicios, en los que las fuerzas políticas cumplieron los requisitos legales para su inscripción y desarrollan sus campañas proselitistas, el día de la votación y el escrutinio en sus diferentes etapas con la correspondiente consagración de los candidatos ganadores.

Período pre-comicios

a) Inscripción de las Fuerzas Políticas

Esta etapa se caracterizó por la dificultad de los partidos en dar cumplimiento a los requisitos exigidos por la ley, y por la inexperiencia y desorden que exhibió el JNE en su gestión.

Solicitaron la inscripción para participar en la elección del CCD 29 fuerzas políticas, siendo admitidas 18 de ellas. Once grupos políticos no pudieron completar las 100.000 firmas exigidas para su registro.

De las agrupaciones admitidas, la gran mayoría constituyeron movimientos exclusivamente electorales, sin estructura de partido ni tradición política.

Se autoexcluyeron del proceso electoral, los partidos APRA, AP, el Movimiento Libertad y algunos partidos de Izquierda Unida.

Las críticas más recurrentes en esta etapa fueron por la lentitud en la revisión de las planillas de adherentes exigidas para la inscripción; la pérdida de tiempo útil de campaña que significó tal procedimiento; la prohibición a los personeros de las fuerzas políticas de presenciar y fiscalizar esta etapa del proceso. También recibió fuertes críticas de parte de las fuerzas políticas la decisión no fundamentada de impedir a los candidatos de agrupaciones no admitidas integrarse a las listas de los partidos habilitados para participar en las elecciones. Existió la opinión generalizada entre las fuerzas políticas de que el JNE actuó con marcado favoritismo hacia la alianza Nueva Mayoría-Cambio 90, al momento de decidir sobre la procedencia de su inscripción.

b) *Observaciones hechas por la Misión al JNE*

El Grupo de Observadores del Secretario General señaló en comunicación dirigida al Presidente del JNE su preocupación por algunas circunstancias susceptibles de afectar el desarrollo del proceso electoral y referidas a la depuración de los listados de adherentes. Éstas fueron las siguientes:

- El local donde se realizó la depuración pertenecía al Ministerio de Energía y Minas y no era dependencia del JNE ni de la Dirección del Registro Electoral del Perú.
- El JNE no permitió la presencia de los Personeros de los partidos políticos, agrupaciones independientes y alianzas, en la depuración de las listas de adherentes, a pesar de que el artículo 48 del Decreto Ley 25.684 establecía que las fuerzas políticas podrían designar hasta tres personeros para presenciar y fiscalizar todos los actos del proceso electoral.
- La comprobación de que la depuración se llevó a cabo capturando los nombres de los adherentes y el número de sus libretas electorales y no éstas y las firmas como lo sostenía el Art. 30 de la Ley Electoral, sin que se conociera la resolución del Jurado que lo haya autorizado así.

Con fecha 21 de octubre el JNE dio respuesta a las observaciones realizadas por el Grupo de Observadores.

En relación con el local en donde se adelantó la depuración de las planillas de adherentes, el JNE informó que no habiendo contado dentro de sus instalaciones con un espacio adecuado, se vio en la necesidad de recurrir a inmuebles de propiedad del Estado. La selección recayó en el sótano del Ministerio de Minas y Energía el que, por ese hecho, constituye una dependencia del Registro Electoral del Perú y del JNE. Se adujo que la ubicación de ese local se había mantenido en reserva, por razones de seguridad.

En lo que respecta a la presencia de los Personeros de los partidos políticos, agrupaciones independientes y alianzas en la depuración de las listas de adherentes, el JNE consideró que ésta únicamente procede una vez que las agrupaciones políticas son inscritas en el Registro de los Partidos Políticos.

La interpretación que hizo el Jurado del Art. 48 de la Ley Electoral en la práctica significó que los Personeros no pudieron presenciar y fiscalizar esta importante fase del proceso, puesto que cuando se produjo la inscripción definitiva de los partidos, agrupaciones y alianzas, sólo restaban por cumplirse las fases de votación y de escrutinio. Fue una interpretación que iba en desmedro del espíritu de una norma, que perseguía garantizar la fiscalización de los partidos en la totalidad del proceso electoral para ayudar a su credibilidad y transparencia.

En cuanto a la comprobación de los listados de adherentes, señaló que ella no podía limitarse al Art. 30 de la Ley de Elecciones del CCD, sino comprender también lo establecido por el inciso b del Art. 27, el que señalaba como requisito para la inscripción de los partidos, el que acompañaran una relación no menor de 100.000 mil adherentes, con la firma y el número de la libreta electoral de cada uno de ellos.

En lo referente a este aspecto relativo a los elementos que se capturaban en la verificación de las planillas de adherentes, el problema no pareció ser de concordancia interpretativa de normas de la Ley Electoral, sino sobre el ejercicio de la facultad que le concedía el Decreto Ley 14.250 para dictar las disposiciones necesarias para la mejor ejecución de la ley y para acordar lo conveniente para la mejor aplicación de sus disposiciones.

Los partidos y agrupaciones en definitiva participantes fueron los que aparecen en el Cuadro No 1.

CUADRO 1

PARTIDOS Y AGRUPACIONES POLÍTICAS PARTICIPANTES EN LAS ELECCIONES DEL CCD

No	Siglas	Nombre del Partido
1	PPC	Partido Popular Cristiano
2	FREPAP	Frente Popular Agrícola del Perú
3	MDI	Movimiento Democrático de Izquierda
4	PSP	Partido Socialista del Perú
5		Convergencia Nacional
6	FRENATRACA	Frente Nacional de Trabajadores y Campesinos
7	SODE	Solidaridad y Democracia
8	MIN	Movimiento Independiente Nacional
9		Movimiento Independiente Paz y Desarrollo
10	FIM	Frente Independiente Moralizador
11		Movimiento Independiente Nuevo Perú
12	FREMPOL	Frente Civil Militar y Policial
13		Frente Emergente Democrático de Retirados Policiales
14		Coordinadora Democrática
15	ASI	Movimiento de Acción Social Independiente
16	MIA	Movimiento Independiente Agrario
17		Renovación
18		Nueva Mayoría-Cambio 90

c) La campaña electoral

En términos generales, cabe expresar que la campaña electoral se desarrolló con normalidad, en la plena vigencia de los derechos políticos, libertad de expresión, de prensa y de reunión. Partidos y candidatos gozaron de las garantías democráticas para desarrollar su actividad proselitista.

Se realizaron escasos mítines, y éstos registraron magra concurrencia. Los candidatos optaron por tomar contacto con las fuerzas vivas organizadas de las distintas localidades, sin convocar a concentraciones masivas. Tal fue la constante, que incluso se tradujo en la ausencia de actos de cierre de campaña.

Esta pobre movilización puede explicarse por la endeble organización de muchos de los grupos participantes, tanto como por los menguados recursos materiales que se exhibieron en la campaña, los que además fueron cuidadosamente administrados en función de la proximidad de las elecciones municipales, que despertaron tanto o más interés que la del CCD, en los partidos con intenciones de perdurar.

En algunas ciudades del interior, el grupo que demostró poseer mayores recursos y convocatoria fue la alianza Nueva Mayoría-Cambio 90 que organizó caravanas de recepción a sus candidatos nacionales, registrándose asistencias significativas para los medios locales.

En cuanto a los medios de comunicación y la publicidad electoral debe destacarse que la televisión cumplió un doble papel. Por resolución del JNE, fueron asignados 10 minutos en el canal oficial a cada uno de los partidos y agrupaciones participantes, asignación que fue debidamente cumplida, atribuyéndose el orden de apariciones por sorteo.

En materia de espacios pagados, quedaron de manifiesto las diferencias de recursos materiales con que contaban las agrupaciones, destacando abrumadoramente la presencia de Nueva Mayoría-Cambio 90, que cerró su campaña televisiva con un especial en tres capítulos de media hora de duración cada uno.

La radio, en cambio, fue el medio expedito para la presencia de agrupaciones con referentes locales, que se valieron de las emisoras regionales tanto por la cobertura garantizada de sus electorados específicos, como por el bajo costo de emisión. La vía pública formal (vallas o carteles) fue utilizada por Nueva Mayoría-Cambio 90 a nivel nacional y por el PPC en las principales ciudades.

La vía pública informal (pintas y pegatina de afiches) fue utilizada en cambio por los candidatos locales con más intensidad, como vehículo privilegiado para destacar el voto preferencial. La prensa escrita nacional y regional publicó avisos de numerosos candidatos. Asimismo, folletos y volantes fueron administrados muy discretamente por los candidatos regionales, y no se detectó la utilización de artículos de "merchandising" (stickers, llaveros, camisetas, gorros, escarapelas y otros).

Los medios de comunicación nacionales y locales convocaron a numerosos foros y mesas redondas con presencia de candidatos de todos los partidos, los que constituyeron, en algunas localidades del interior, el medio más importante de información para el electorado y de publicidad para los candidatos.

Respecto a la intervención del gobierno en la campaña electoral cabe una doble consideración. Por un lado, el gobierno garantizó la plena vigencia de los derechos y libertades democráticas durante el desarrollo de la campaña. Por otro, hubo una no ocultada identificación del presidente Alberto Fujimori con la Alianza Nueva Mayoría-Cambio 90.

Uno de los problemas previos al día de la votación que se detectó fue la falta de espacios para las firmas en las actas de escrutinio. El inciso 2 del Art. 92 del Decreto Ley 25.684 señalaba que el Acta de Escrutinio se asentaría en la sección correspondiente del Acta Electoral y sería firmada por el Presidente y miembros de la Mesa de Sufragio y por los Personeros que lo deseen.

El Secretario General señaló al JNE que no existía, en el acta de escrutinio, espacio para la firma del Presidente y demás miembros de la mesa de sufragio, ni de los personeros, en contravención a lo estipulado por la ley y con grave riesgo para la transparencia del escrutinio. Mediante la Resolución 197-92 del 21 de noviembre de 1992, el JNE resolvió que el Presidente, los miembros de Mesa y Personeros, deberían obligatoriamente firmar el Acta de Instalación, el Acta de Votación, el Acta de Escrutinio y el documento adjunto, en los tres ejemplares conforme a Ley.

El día de la elección

El día de la elección se dispuso el desplazamiento de los observadores a los locales de votación a efectos de recolectar y trasmitir datos de la instalación de las Mesas de Sufragio, su funcionamiento y el escrutinio.

La recolección y trasmisión de datos incluyó tres operativos especiales para la comunicación instantánea de la información, sobre instalación de mesas primero, y sobre resultados electorales después, más el acopio de formularios sobre el trámite general de la jornada.

Los observadores se desplazaron por todo el territorio del Perú, venciendo las dificultades topográficas con los variados medios de transporte que tuvieron a su alcance, concurriendo incluso a las zonas de emergencia de mayor actividad subversiva y terrorista.

Los invitados especiales del Secretario General, se dividieron en tres grupos a fin de recorrer el mayor número posible de lugares de votación, desde su apertura a las 08:00 horas hasta su clausura, prevista para las 16:00 horas y actuaron como observadores en toda la gama de actividades que esta función requiere.

Digna de especial mención fue la labor que llevó a cabo el Presidente de la Reunión Ad Hoc de ministro s de Relaciones Exteriores, Dr. Hector Gros Espiell. El ministro de Relaciones Exteriores del Uruguay acompañó al Secretario General durante todo el día. Su presencia y participación personal en el proceso de observación fue motivo de estímulo para todos los observadores y fue reconocida por los Sres. Cancilleres miembros de la Reunión Ad Hoc.

Para la instalación, se asignó una mesa por observador, más otra mesa complementaria, cuya información emergente fue trasmitida en dos comunicaciones rápidas, sumando entonces 454 mesas observadas.

En esta instancia se registraron retrasos prácticamente en todo el país y alcanzando a sumar más de la mitad de las Mesas de Sufragio, atribuibles a defectos de organización y ausencia de los miembros de mesa. Tales inconvenientes, empero, si bien no comprometieron el curso de la jornada, obligaron a la autoridad electoral nacional a extender en una hora y media el horario hábil de votación. En dicha decisión desempeñó un papel fundamental la gestión realizada por la Misión del Secretario General de la OEA.

Se asignó un mínimo de 20 mesas a cada Observador, resultando 6.082 el número de mesas observadas, sobre un total de 58.893 mesas instaladas, lo que representó que los 228 observadores, en las difíciles condiciones geográficas y de seguridad del país, estuvieron presentes en un 10,4% de las Mesas de Sufragio, distribuidas entre las distintas coordinaciones de la siguiente manera: 2.809 en Lima, 1.228 en Trujillo, 1.013 en Piura, 614 en Cusco y 418 en Arequipa.

A lo largo de la jornada electoral cada Observador realizó el relevamiento de las mesas a su cargo, produciendo un informe rápido al mediodía, y otro a las 15:30 horas, completando los formularios correspondientes de cada una de las mesas observadas y de síntesis del sufragio, que se integraron luego a los informes regionales.

En esta instancia no se registraron irregularidades relevantes desarrollándose los comicios con destacable normalidad, salvo por algunas acciones muy específicas y localizadas de organizaciones terroristas.

La información de campo recogida por los observadores fue trasmitida a través de las sedes regionales o directamente al centro de cómputos en Lima por todos los medios disponibles, para su consolidación y procesamiento, destacando en esta oportunidad el sistema de comunicaciones organizado por la Misión.

Con excepción de la tardía instalación de más del 50% de las Mesas de Sufragio de todo el país, no se registraron denuncias significativas durante el día de las elecciones.

La Misión obtuvo los datos parciales que a lo largo del día fueron emergiendo del "exit poll" que la empresa APOYO realizó para Panamericana de Televisión. Otro tanto realizó la empresa CPI para el programa "Veredicto Popular" que emitía Canal 4. Una vez cerrado el escrutinio, ambas emisoras dieron a conocer las proyecciones que emergían de los datos disponibles.

En todos los casos pudo apreciarse una notable consistencia en lo que refiere a los porcentajes que habrían de obtener las agrupaciones "menores", fluctuando en cambio entre un 36 y un 44% el porcentaje asignado a Nueva Mayoría-Cambio 90, que obtuvo al final casi el 39% de los votos validamente emitidos.

El escrutinio

a) En las Mesas de Sufragio

Al momento del cierre de la votación, a cada observador le correspondió observar el escrutinio en una Mesa de Sufragio, previamente señalada en la muestra aleatoria que se usó para la proyección de los resultados electorales. Adicionalmente a estas 200 Mesas de Sufragio, que constituyeron la muestra primaria de la proyección, cada observador debía recoger los datos del escrutinio de otra mesa de sufragio, sumando así otras 200 mesas que representarían la muestra secundaria.

En esta instancia se ratificó la complejidad del sistema comicial, que afectó tanto a los votantes como a los miembros de mesa. Los escrutinios fueron lentos, conducidos por personas que carecían de la información y preparación debidas y que por lo mismo incurrieron en errores materiales frecuentes. A ello se agregó el hecho de que muy pocos miembros de las mesas firmaron las Actas de Escrutinio, al no contar éstas con los espacios para tal efecto y al no haber tenido conocimiento de la Resolución del JNE expedida el día anterior y a la que se ha hecho referencia.

b) *Conteo rápido (quick-count)*

A los efectos de obtener un panorama rápido, que permitiera un eficaz monitoreo del desarrollo del escrutinio, la Misión montó un operativo especial que involucraba la trasmisión inmediata de los resultados electorales de las mesas estadísticamente apropiadas, denominado "Información DELTA". Con dicha finalidad, se le asignó a cada observador una mesa escogida mediante la aplicación de un esquema aleatorio en donde debía registrar el resultado de la elección. El método que se usó para resolver el problema de que no se pudo realizar una estratificación de la población con el objetivo de disminuir el porcentaje de error, fue, como se realizó con anterioridad en otras elecciones observadas por la OEA, tomar dos muestras: una llamada PRIMARIA y otra llamada SECUNDARIA. En la muestra primaria el observador estuvo presente en el conteo de votos. Los resultados obtenidos en esta muestra pueden ser considerados confiables. Se verificó la igualdad de las proporciones de estas dos muestras, por medio de una prueba estadística, se juntaron en un único conjunto de datos, lo cual fue usado para el cálculo de los estimados de las proporciones de votos y del intervalo de consonancia para cada una de ellas. Así, con el fin de reducir el error global, y ante la imposibilidad de otros métodos, se aumentó el tamaño de la muestra.

También, la existencia de estas dos muestras podría haber sido útil en la eventualidad de fraude, ya que una discrepancia muy acentuada entre los datos de las dos muestras podría haber sido un indicio de su presencia.

Del global de mesas del país, un total de 58.893, fueron consideradas accesibles por los miembros de la Misión una cantidad igual a 24.862, que correspondió al 44,2%. La cantidad total de electores inscritos, según el JNE, fue de 11.245.463. En virtud de los datos abajo mencionados, el número de electores inscritos en el total demostrado (22.993 mesas, 39,0% del total) fue de 4.457.063. Este valor equivalió al 39,6% del total.

Debe notarse, en razón del error de conteo que se envió por el JNE, que el Departamento del Callao no fue incluido en el total de la muestra. Las características de este Departamento son semejantes a las de Lima y el número de electores de ese departamento corresponde a 3,2% del total.

Se tomó inicialmente una muestra aleatoria de tamaño igual a la de 400 mesas. De éstas, también aleatoriamente, se seleccionaron 200 que comprendieron parte de la muestra primaria. Las mesas restantes integraron la muestra secundaria.

Los estimados de las proporciones de votos e intervalos de consonancia de las mismas, para cada partido, se calcularon en 2 votos blancos, nulos y viciados a través de sus respectivas proporciones observadas en la muestra.

Diez mesas de muestras primarias de la Región de Lima, 1 de Arequipa, 1 de Trujillo y 2 de Cusco tuvieron que ser descartadas ya que la región donde se encontraban fueron consideradas "ollas de emergencia". Lo mismo ocurrió con 6 Mesas de Lima y una de Trujillo en la muestra secundaria. Se verificó la posibilidad de tomar las Mesas más cercanas a éstas, sin embargo, también éstas se encontraron dentro de la zona referida. Una Mesa de muestra secundaria de la Región de Cusco se descartó a pesar de pertenecer a la región inicialmente considerada accesible, esta Mesa específica se encontraba en un local sin acceso disponible. Otras Mesas de diferentes distritos no se instalaron por diversas razones, por lo que tuvieron que ser sustituidas. Por lo tanto, la Mesa considerada fue la más cercana. El total de Mesas usadas en el estudio fue 323, o sea el 80,75% de la muestra inicialmente escogida y el 1,40% del total de mesas de la Región.

En razón de las gestiones arriba mencionadas, fue imposible utilizar las probabilidades de selección de unidades globales con la intención de obtener los estimados de la magnitud exacta del error global. Se decidió considerar una aproximación basada en un modelo de muestra aleatoria simple y adoptar un intervalo de consonancia de 99,9%, por medida de seguridad.

Fueron recibidos los datos de 323 mesas, cifra que contempla las bajas producidas del total esperado, por irregularidades de distinta especie o por mesas ubicadas en zonas de riesgo.

En la elección para el CCD del Perú concurrieron un total de 18 partidos y movimientos políticos (Frentes). De estos 18, se discutió, en reunión con los responsables de la Misión, que sería de interés tomar en cuenta el desempeño de 9 de ellos: Nueva Mayoría-CAMBIO 90, Partido Popular Cristiano (PPC), Renovación, Frente Independiente Moralizador (FIM), Movimiento Democrático de Izquierda (MDI), Frente Nacional de Trabajadores y Campesinos (FRENATRACA), Coordinadora Democrática, Solidaridad y Democracia (SODE) y Convergencia Nacional. Los demás concurrentes fueron agrupados bajo el rubro de otros. Se analizaron también las proporciones de votos en blanco, nulos y viciados.

El censo de población electoral utilizado para retirar las muestras fue entregado en disketes por el JNE. Como todas las mesas no eran accesibles, fue preparado un archivo con los distritos donde los miembros de la OEA tendrían acceso. Cruzando las informaciones de estos dos archivos, fue posible obtener un censo de población de donde se retiró la muestra.

Inicialmente, se elaboraron programas computarizados para la verificación de la calidad y consistencia de los datos, a pesar que tal verificación había sido realizada antes de recibir el archivo con los datos.

Fue utilizado el sistema SAS versión 6.04, en un microcomputador tipo "Laptop" Toshiba T2200SX. Todos los programas fueron probados en muestras y poblaciones simuladas, para la calibración y verificación de los mismos, así como el método estadístico empleado.

El porcentaje de abstenciones estimado fue de 23,77% de electores inscritos con límites inferior y superior, para 99,96 de consonancia, respectivamente de 16,70% y

30,80%. Los resultados obtenidos para los votos válidos, incluyendo blancos y nulos, se encuentran en el cuadro que sigue:

CUADRO 2

MUESTREO ESTADISTICO SOBRE RESULTADOS ELECTORALES

Identificación	Estimativa %	Error Muestra %	Límites de Inf. %	Consonancia Sup %
M/CAMBIO 90	38,65	8,08	30,57	46,73
PPC	9,14	4,78	4,36	13,92
RENOVACIÓN	7,29	4,31	2,98	11,60
FIM	6,84	4,19	2,65	11,03
COORD.DEMOC.	4,82	3,55	1,27	8,37
MDI	4,53	3,45	1,08	7,98
FRENATRACA	3,05	2,86	0,19	5,91
SODE	2,01	2,33	0,00	4,34
CONV.NAC.	0,46	1,12	0,00	1,58
OTROS	5,81	3,88	1,93	9,69
BLANCOS/NULOS	17,42	6,30	11,92	23,72

c) *En los JDE*

Cumplida la jornada comicial, se procedió a instrumentar el seguimiento del cómputo secundario en los JDE, destacándose observadores en todos estos organismos. En esta instancia, se reiteraron las dificultades anotadas en todo el proceso electoral, en cuanto a la complejidad del sistema y la insuficiente capacitación y experiencia de las autoridades. El JNE no quiso atender la sugerencia de la Misión de invitar a los personeros de los partidos para que, acompañados de los técnicos idóneos, conocieran el sistema de cómputo que se iba a emplear para los escrutinios departamentales y nacional, a fin de que pudieran realizar las pruebas de auditoría que estimaran pertinentes, o en todo caso estuviesen bien enterados de su confiabilidad y funcionamiento.

Se registraron, por esta razón, frecuentes desavenencias entre las autoridades electorales y los personeros, que colaboraron en el sensible retraso en las tareas de verificación de actas.

En algunos casos, existió demora en la entrega de actas y ánforas por parte de las FF.AA., encargadas de su custodia y traslado desde los lugares de votación hasta los JDE, observándose también la entrega de materiales deteriorados y/o incompletos.

Tales circunstancias obligaron a extender una semana el plazo con que contaban los JDE para la proclamación definitiva de los resultados.

La totalidad de los resultados de los escrutinios en los JDE estuvieron disponibles el sábado 5 de noviembre de 1992, cuando concluyó el último escrutinio departamental en el JDE de Lima.

d) *En el JNE*

Serios retrasos en el envío de la documentación electoral de los JDE al JNE, hicieron que el cómputo nacional se iniciara tan solo el 11 de diciembre en las horas de la tarde.

Durante el escrutinio nacional se presentaron dos impugnaciones. La primera formulada por el FREPAP y por el PPC, tuvo como resultado la anulación del acta 031487, correspondiente a la ciudad de Nueva York. La segunda, formulada por el PPC, el Movimiento Coordinadora Democrática (MCD) y la alianza Nueva Mayoría-Cambio 90 (NMC-'90), y que afectaba a más de 1.500 actas correspondientes a Lima y a Huanuco, fue declarada improcedente por el JNE.

El día 19 de diciembre, el JNE dio a conocer los resultados oficiales de la elección y proclamó a las ochenta personas que resultaron elegidas al CCD.

El resultado de la elección le otorgó: 44 escaños para la Alianza Nueva Mayoría-Cambio 90; 8 para el Partido Popular Cristiano; 7 para el Frente Independiente Moralizador, 6 para Renovación, 3 para el Movimiento Democrático de Izquierda, 4 para Coordinadora Democrática, 3 para el Frente Nacional de Trabajadores y Campesinos, 2 para el Frente Agrícola FIA del Perú, y 1 para el Partido Solidaridad y Democracia y el Movimiento Independiente Agrario, respectivamente.

Análisis de las denuncias

El análisis de la información tiene origen en la sistematización y categorización del formulario N° 1.1, en su parte substantiva. Cuatro categorías de las arriba presentadas tienen especial significación: los denunciantes, los denunciados, la calificación del hecho y la gestión de la Misión Observadora.

Se recibieron las siguientes denuncias:
Total general de casos recibidos: 168
Gestionados por Coordinación General: 25
Gestionados por Coordinaciones Regionales: 43

Las acciones de seguimiento de la Misión fueron:

Entrevistas con las Autoridades y Partidos: 37
Cartas del Coordinador General a las Autoridades pertinentes: 20
Llamadas telefónicas: 100
Asistencia a plenos del JNE: 20

En el sistema de cómputo no entraron todas las acciones de seguimiento que se adelantaron a nivel de las coordinaciones regionales. Algunas denuncias no recibieron acciones por parte de la Misión, porque cuando se conocieron ya habían sido resueltas por el JNE.

Dada la naturaleza de los hechos denunciados (recursos de apelación, reconsideración, tachas, nulidad, impugnaciones) presentadas al JNE, 17 denuncias substantivas fueron resueltas gracias a la oportuna intervención de la Observación. Las restantes (por ejemplo, la imparcialidad de los funcionarios oficiales y las agresiones contra partidos o personas) fueron simplemente llevadas al conocimiento de las autoridades.

Es conveniente realizar algunas breves consideraciones sobre el sistema de denuncias.

El acopio de denuncias no apareció tan relevante, si se le compara con el de Observaciones anteriores. Este hecho puede encontrar explicación en las exigencias del marco legal de la contienda, en la naturaleza de la campaña efectuada a través de los medios de comunicación masiva, y en el objetivo mismo del proceso, más centrado en propuestas de Reforma Constitucional que en la competencia electoral.

En referencia con la naturaleza del proceso electoral sujeto a observación, cabe mencionar que las principales fuentes de denuncia se refirieron a procedimientos del JNE y a su capacidad de gestión, lo que estaría denotando debilidad en la estructura del mismo y no propiamente intención de fraude técnico. En cuanto a la naturaleza de la campaña, se pudo observar un limitado número de manifestaciones públicas. La campaña electoral se realizó principalmente a través de los medios de comunicación masiva. Por la TV se comentaron diversos hechos que, en otras circunstancias, fueron fuente de denuncias presentadas a las Misiones de Observación de la OEA.

Los partidos políticos denunciaron, mayormente, demoras en los procedimientos del JNE, abusos en el empleo de vehículos oficiales por Cambio-90 y parcialidad de algunos prefectos o alcaldes. También denunciaron algunos casos de participación ilegal de funcionarios oficiales con intenciones propagandísticas.

En la fase del sufragio, la falla casi general, en todo el país, fue el retraso de una hora y más en la instalación de Mesas, y la falta de acatamiento, por parte de los presidentes de Mesa, de la norma de clausurar el sufragio a las 17:30 horas.

En la fase del escrutinio, las fallas principales fueron la demora del envío de algunas Actas de Distritos alejados por parte de las FFAA., la renuencia de permitir a los personeros el ingreso a los lugares de cómputo, y la más leve falla de velar por el buen estado de las ánforas al comienzo del cómputo departamental.

Conclusiones

El proceso electoral para el CCD se cumplió en términos generales de una manera satisfactoria. Las anomalías e irregularidades observadas no alcanzaron a afectar la libre expresión de la voluntad política de los ciudadanos, ni alteraron sustancialmente las condiciones para el libre ejercicio de la actividad política y electoral.

Las distintas fuerzas políticas que participaron en el proceso no elevaron, durante la campaña, ante el JNE, ni llevaron al conocimiento de la observación, hechos que por su gravedad hubiesen podido afectar las condiciones generales del proceso electoral.

Tampoco interpusieron impugnaciones en la fase del escrutinio que significaran la presencia de acciones concertadas de fraude que hubiesen descalificado el proceso eleccionario.

Al término del proceso, los partidos y agrupaciones políticas participantes, juzgaron que se trató de una elección aceptable y que correspondía al nuevo CCD aprobar las medidas necesarias a la corrección de las fallas estructurales que se observaron.

El proceso electoral para el CCD constituyó entonces un importante paso en el proceso de regreso a la plena institucionalidad democrática en el Perú.

En relación con las distintas fases del proceso, se desprenden una serie de conclusiones de carácter general que se señalan a continuación.

Los plazos establecidos en la ley electoral para las fases anteriores a la campaña electoral y la dilatación de los mismos, dieron como resultado un tiempo de campaña electoral inusitadamente breve. A su vez, dicha campaña tuvo un escaso número de reuniones públicas y de mítines populares y se desarrolló principalmente por los medios de comunicación masiva y a través de las giras de los candidatos por las ciudades del interior del país.

Desde la perspectiva de las expectativas de la sociedad se observó un alto nivel de apatía en la población, determinado fundamentalmente por factores diversos, tales como: el escaso nivel de información acerca del contenido y significado de la elección; la circunscripción electoral única; el inicio simultáneo en algunos lugares de la campaña para las elecciones municipales lo que aportó un elemento de confusión adicional; el carácter nuevo de las mayoría de las agrupaciones políticas participantes que carecían de los medios, organización y recursos para adelantar una intensa campaña electoral.

Las anomalías registradas durante el proceso electoral no excedieron de los límites aceptables en el contexto peruano. Muchas de las dificultades registradas fueron consecuencia del bajo nivel de institucionalización de los órganos que intervinieron en la administración y gestión de las elecciones.

Otro elemento para destacar fue la participación del gobierno en la campaña en favor de la alianza NMC-'90, la cual tuvo tendencia a disminuir como consecuencia de las críticas generalizadas formuladas por la mayoría de las fuerzas contendoras y trasmitidas a través de la Observación Electoral al JNE.

El JNE no logró, por medio de sus actos y decisiones, adquirir la imagen de eficiencia, imparcialidad y autonomía convenientes para el buen desarrollo del proceso electoral. En su organización y gestión el JNE no pudo cumplir prácticamente con ninguno de los plazos establecidos por la ley electoral. Los retrasos sufridos en las distintas fases del proceso fueron en su mayoría imputables a la lentitud e ineficiencia administrativas del jurado. Igual aconteció con la mayoría de las irregularidades presenciadas. Ésta es una circunstancia que se explica en gran parte en el hecho de que se trata de una autoridad ad hoc, que se renueva en su casi totalidad para cada elección, y que, por lo mismo, no dispone de la necesaria estructura organizativa para dar continuidad a sus tareas. Las resoluciones del jurado no fueron siempre percibidas como imparciales, en especial, las relativas a la inscripción de la alianza NMC-'90 y a la ubicación de los participantes en la cédula electoral, que dieron lugar a sendos salvamentos de voto de uno de los miembros del JNE.

En relación a las Fuerzas Armadas se constató que cumplieron un importante papel en la realización de las elecciones. Ejercieron generalmente con corrección y eficiencia las competencias que les atribuye la ley electoral y colaboraron con seriedad con la Misión de Observación Electoral y se desempeñaron con marcado profesionalismo en su trabajo de proveer seguridad a los miembros de la Misión.

Finalmente, la Misión contó permanentemente con el apoyo y colaboración de las autoridades del Gobierno del Perú, lo que hizo muchas veces posible la superación de las dificultades que se enfrentaron y así pudo cumplir el papel de observación activa que el Secretario General le encargó.

CAPÍTULO IV
Las elecciones Municipales

El Gobierno del Perú, mediante comunicación fechada el 30 de diciembre de 1992, solicitó al Secretario General la asistencia técnica de la Organización de los Estados Americanos necesaria para la adecuación del Registro Electoral y la modernización del JNE, con miras a los futuros procesos electorales en el Perú y, en particular, para las elecciones municipales del 29 de enero de 1993. Asimismo, pidió el apoyo de la Organización para una adecuada observación de los Comicios Municipales.

El Secretario General, en su respuesta al Señor Presidente del Consejo de Ministros y Ministro de Relaciones Exteriores del Perú, expresó que había tomado las disposiciones necesarias para atender la solicitud del Gobierno del Perú. Para ese efecto, manifestó que había dispuesto el envío de una Misión Técnica, encargada de elaborar un diagnóstico de la situación, de apoyar al JNE y de formular una propuesta de Asistencia Técnica para la adecuación del Registro Electoral y la modernización del JNE.

Asimismo, informó el Secretario General sobre la integración de una Misión de Observación de los Comicios Municipales del 29 de enero de 1993. Con tal propósito, propuso al Gobierno del Perú hacer extensivas a esta Misión, las disposiciones contenidas en el Acuerdo relativo a los privilegios e inmunidades de los observadores electorales, firmado el 28 de septiembre de 1992, con ocasión de la Observación de las Elecciones para representantes para el CCD, celebradas el 22 de noviembre de 1992.

El Secretario General y el JNE hicieron igualmente extensivas a la observación de las elecciones municipales, las disposiciones contenidas en la Guía de Procedimiento, firmada el 14 de octubre de 1992 y relativa a la relaciones entre la Autoridad Electoral de Perú y el Grupo de Observadores del Secretario General.

En relación a la asistencia técnica que prestó la OEA, deben considerárse los dos objetivos perseguidos. El primero, más inmediato, se vinculaba con las elecciones municipales; el segundo, más general, apuntaba a la modernización del sistema electoral peruano.

En el marco de las elecciones municipales la Misión, y en virtud del corto tiempo disponible entre su establecimiento en el Perú y la fecha de las elecciones, optó por ofrecer a las autoridades electorales la asistencia que ellas estimaron necesaria hasta la culminación del proceso electoral. Las autoridades electorales, bajo el apremio de los reducidos plazos que les fueron señalados, no formularon, con excepción del Jurado Provincial de Lima, ningún pedido de asistencia técnica.

En el caso del Jurado Provincial de Lima, la asistencia se contrajo a los procedimientos a ser utilizados en el cómputo y a una asesoría de tipo organizativo al Presidente del Jurado.

Respecto a la modernización del sistema electoral peruano, el Secretario General dispuso el envío de un grupo de técnicos en materia electoral que viajó por dos veces al Perú, desde el 29 de enero al 4 de febrero y, en la segunda oportunidad, desde el 28 de marzo hasta el 7 de abril de 1993. Este grupo elaboró un informe en el que se realizó un diagnóstico del sistema electoral y emitió una serie de recomendaciones para su modernización. Ese informe se entregó al Gobierno del Perú.

Organización de la Misión

Los 70 integrantes de la Misión del Secretario General, bajo la coordinación del Dr. Mario González Vargas, llegaron a Lima entre el 15 y el 18 de enero de 1993 y se ubicaron en las capitales de las 19 provincias de mayor densidad electoral del país. Éstas fueron: Lima, Arequipa, Tacna, Cusco, Ica, Huaraz, Trujillo, Chimbote, Cajamarca, Callao, Piura, Sullana, Iquitos, Puno, Juliaca, Ayacucho, Chiclayo, Huanuco, Huancayo. Se contó con 24 observadores para la Provincia de Lima y con dos observadores en cada una de las ciudades capitales de las demás provincias mencionadas.

Las elecciones municipales fueron convocadas para elegir Alcaldes en 187 provincias y en 1.923 distritos. El número de electores habilitados para sufragar alcanzó la suma de 11.245.463 y lo hicieron en las 58.888 Mesas de Sufragio ubicadas para tal efecto en todo el territorio del país.

El reducido contingente de observadores y el importante número de provincias y distritos en donde se realizaron las elecciones, impusieron la necesidad de optimizar los medios y recursos disponibles, con el objeto de alcanzar un cubrimiento suficiente de las elecciones que permitiera la observación del sufragio de la mayoría de los electores.

Guiados por este objetivo y en consideración a la experiencia recogida con ocasión de las elecciones para el CCD del 22 de Noviembre de 1992, se decidió distribuir a los observadores en el territorio del Perú, de tal manera que estuviesen presentes en las provincias con mayor número de electores, estableciendo las sedes de la observación en las ciudades de más de 50.000 electores.

Esta distribución de los observadores permitió cubrir la votación del 60% de los electores. Las 70 personas que integraron el Grupo de Observadores fueron seleccionados de acuerdo con el trabajo desplegado con ocasión de la observación de la elección del CCD. El Grupo estuvo compuesto por un Coordinador General, un Subcoordinador, un Ingeniero de Comunicaciones, 3 personas de administración, 4 encargadas de la seguridad y 60 observadores.

Los miembros del Grupo de Observadores fueron instruidos para que efectuaran un relevamiento prolijo de las condiciones en que se desarrollaba la elección, teniendo especialmente en cuenta los siguientes aspectos:

- Garantías democráticas de que gozaban los ciudadanos, las fuerzas políticas y los candidatos durante las distintas fases del proceso electoral.
- Actitud y comportamiento de las autoridades públicas, civiles y militares, en el proceso electoral.
- Actitud y comportamiento de las Autoridades Electorales en el ejercicio de sus funciones y en la aplicación de la Ley Electoral.
- Situación de la seguridad pública en el marco del proceso eleccionario.
- Comportamiento de los Medios de Comunicación.
- Circunstancias en las que se realizaba el acto eleccionario.
- Condiciones en las que se realizaba el escrutinio en las Mesas de Sufragio y en los Jurados Provinciales.
- Actividades del JNE.

El equipo técnico, por su lado, efectuó la revisión y seguimiento del sistema de cómputo realizado por la empresa de servicios IBM del Perú, utilizado por los Jurados Provinciales, con excepción de los de Lima e Ica que emplearon otro sistema a cargo del Grupo de Apoyo de la Presidencia del JNE.

En lo que se refiere al primer sistema, se adelantó una revisión completa y minuciosa de su funcionalidad, operatividad, transportabilidad, así como de sus seguridades. Los problemas que se observaron, se debieron fundamentalmente a la descoordinación del JNE con los Jurados Provinciales y con los técnicos de la empresa IBM, lo que afectó la capacitación del personal, el entendimiento entre el Jurado Provincial y los técnicos de la empresa y las coordinaciones logísticas necesarias.

Otra de las actividades del equipo técnico incluyó la revisión y seguimiento del sistema de cómputo aplicado por el Grupo de Apoyo de la Presidencia del JNE. Se realizó esta revisión en lo que corresponde a seguridades y funcionalidad, no así a la documentación del mismo, debido a que apenas se encontraba en su etapa de implementación y las pruebas que se hicieron como parte misma de la explotación del sistema, con datos de prueba generados aleatoriamente, no se terminaron dentro de los plazos previstos. Se modificaron constantemente y no se llegó a contar con una versión definitiva sino el día mismo del inicio de los escrutinios. Esto motivó errores y confusiones, que sin embargo fueron subsanados sobre la marcha, llegándose a conseguir un resultado aceptable finalmente, mediante modificaciones de estructura y con la aplicación de algunos programas de emergencia.

Período pre-comicios

a) El marco legal

Las normas legales que regularon el proceso electoral municipal están contenidas en los Decretos Leyes 14.250, 14.669 y 16.150, y en las Resoluciones del JNE especialmente dictadas para tales efectos.

Para esta elección Municipal, el JNE contó con el apoyo de 187 Jurados Provinciales, presididos por el Fiscal Provincial más antiguo e integrados por cuatro miembros designados por sorteo por el JNE.

Estos Jurados Provinciales tuvieron las siguientes funciones :

- Designar los miembros de las Mesas de Sufragio;
- Señalar los locales para el funcionamiento de las Mesas de Sufragio;
- Inscribir las listas de candidatos a alcaldes y regidores;
- Pronunciarse sobre las tachas que se plantearan contra los candidatos inscritos, resolviendo en única instancia las correspondientes a los candidatos a Consejos Distritales y en primera instancia, las interpuestas contra los candidatos a Consejos Provinciales;
- Conceder las apelaciones que interpusieran los candidatos a Consejos Provinciales;
- Numerar las listas de candidatos independientes y mandar imprimir los carteles correspondientes para su distribución a las Mesas de Sufragio;
- Efectuar las impresiones y publicaciones que dispusiera el JNE;
- Remitir a las Mesas de Sufragio de su correspondiente jurisdicción, por intermedio de los Registradores Electorales, las listas de electores, formularios, ánforas, cédulas de sufragio, útiles y demás documentación que recibieran de la Dirección General del Registro electoral del Perú y de la Secretaría General del JNE;
- Hacer el cómputo de los escrutinios realizados en las Mesas de Sufragio y aplicar la cifra repartidora a partir de la cual se asignaban entre los contendientes los cargos en disputa;
- Proclamar a los elegidos y otorgarles sus respectivas credenciales;
- Conocer de las nulidades que se interpusieran contra las elecciones y proclamaciones de los candidatos y conceder los recursos correspondientes elevándolos al JNE;
- Consultar al JNE las dudas que se presentaran en la aplicación de la presente ley y poner en su conocimiento las infracciones o delitos que las autoridades políticas o los funcionarios electorales cometiesen en su aplicación;
- Ejercer las atribuciones que la Ley de Elecciones confiere a los JDE en cuanto sean aplicables.

b) El contexto político

Las elecciones municipales, originalmente previstas para el 8 de noviembre de 1992, luego de ser temporalmente suspendidas, fueron nuevamente convocadas para el 29 de enero de 1993.

La realización de las elecciones municipales antes del 31 de diciembre de 1992 fue, en su momento, punto de desacuerdo y controversia entre el Gobierno y los partidos políticos, y su postergación constituyó una de las razones aducidas por algunos partidos políticos para rehusar participar en las elecciones para CCD del 22 de noviembre de 1993. Estos partidos estuvieron presentes en estas elecciones municipales, junto con numerosos movimientos independientes, cuya presencia se vio facilitada por la relativa flexibilidad de algunos de los requisitos exigidos por la Ley Electoral para la inscripción de listas y candidatos.

El resultado fue la proliferación de listas y de candidatos que sumaron más de 150.000, y que al final generó serias dificultades en el diseño y elaboración de las cédulas electorales.

c) *El proceso de inscripción de candidatos*

El roceso de inscripción de candidatos no mostró mayores problemas en lo relacionado a la presentación y verificación de las firmas que, en cada caso, acompañaron las solicitudes respectivas. El total de firmas requeridas por la Ley Electoral fue de 5.000 para Alcalde y Regidores de Lima y de 2.000 para las listas de candidatos provinciales, de 500 para los distritales.

Asimismo, el registro de símbolos tampoco ofreció dificultades relevantes, y las confusiones y similitudes que hubo entre algunos de ellos fueron resueltas oportunamente por los Jurados Provinciales.

d) *La campaña electoral*

Hubo, en general, libertad de movilización y de proselitismo para todas las fuerzas en contienda. Las listas independientes, los movimientos y los partidos políticos, desplegaron libremente una sostenida actividad proselitista. Se realizaron en todo el país diversos actos públicos, se dictaron conferencias y se hizo propaganda en las calles y en los medios de comunicación, de tal forma que se puede afirmar que hubo libertad de expresión, de reunión y de movilización para todas las fuerzas políticas. Los casos de ingerencia y parcialización de las autoridades civiles o militares en beneficio de uno u otro candidato, no alcanzaron a empañar, ni afectar las garantías de que gozaron los distintos candidatos. El ejemplo más notorio, el del Prefecto de Cusco, que ya había sido señalado por el Grupo de Observadores por haber incurrido en igual irregularidad en el proceso electoral de CCD, fue derivado para su examen al Fiscal General de la Nación.

Merece, sin embargo, especial mención, el cambio y remoción de 48 Presidentes de Jurados Provinciales entre el 15 de diciembre de 1992 y el 28 de enero de 1993, que además de afectar la organización y funcionamiento de los Jurados Provinciales, constituyó una importante limitación de la independencia de la autoridad electoral. Ciertamente, los cambios fueron decididos en el marco de una reestructuración del Poder Judicial y afectaron a los Fiscales, los que, por disposición de la Ley Electoral, presiden los Jurados Provinciales. Pero el JNE nada tuvo que ver ni en la remoción de los Fiscales, ni en la designación de sus sustitutos, siendo éstas, decisiones tomadas por la Fiscalía General de la Nación. No puede decirse que los cambios estuvieran dirigidos a favorecer determinados candidatos o fuerzas políticas, pero si entrañan una intromisión perjudicial y por lo menos inoportuna en el proceso electoral.

Este clima de incertidumbre no constituyó el mejor aliciente para que los Fiscales desempeñaran con constancia y dedicación sus funciones de Presidentes de los Jurados Provinciales, por las cuales ni reciben remuneración, ni aseguran la estabilidad de sus cargos, cuyas funciones deben seguir atendiendo de conformidad con los términos y condiciones de las leyes penales.

Los escasos actos de violencia entre facciones rivales, no fueron significativos ni tuvieron desenlaces lamentables, y en todo caso, no intimidaron a ninguna fuerza política, ni a los numerosos candidatos.

El día de la elección

El día de las elecciones el ciudadano pudo concurrir a ejercer su deber cívico rodeado de suficientes garantías. No se presentaron mayores alteraciones al orden público, ni se registraron actos de violencia partidista significativos. Es preciso destacar la tarea cumplida por la Fuerzas Armadas para garantizar el orden y la seguridad en todo el territorio nacional.

El coordinador de la Misión dispuso el desplazamiento de los observadores a los locales de votación a efectos de recolectar y trasmitir datos de la instalación de las Mesas de Sufragio, su funcionamiento y el escrutinio.

La recolección y trasmisión de datos incluyó tres operativos especiales para la comunicación instantánea de la información, sobre instalación de mesas primero, y sobre resultados electorales después, más el acopio de formularios sobre el trámite general de la jornada.

Los observadores se hicieron presentes en 3.295 Mesas de Sufragio en todo el país. En esta oportunidad se apreciaron en todo su rigor algunos de los defectos más significativos de los mecanismos electorales aplicados en el Perú.

Al igual que en las elecciones para CCD la notoria ausencia de los miembros principales de las Mesas de Sufragio impidieron la apertura de las mismas a la hora fijada por la Ley. En las 3.295 Mesas de Sufragio en donde se hicieron presentes los observadores, faltó el 62.2% de los miembros principales y suplentes, teniendo que recurrir a habilitar como sustitutos a los primeros electores alfabetos que se presentaron.

Esta crónica irregularidad no obedeció únicamente a la falta de buena voluntad de quienes son sorteados como miembros de la Mesa, sino también a carencias del padrón electoral.

Estas ausencias afectaron el desarrollo de la votación. No sólo obligaron a la ampliación de la hora de cierre de las Mesas de Sufragio en hora y media, no siempre conocida por todos los Distritos del país, sino que también tuvieron reflejos sobre la calidad del trabajo de los miembros de las Mesas de Sufragio, no suficientemente informados ni familiarizados con las funciones que súbitamente se les asignaron. Ello reviste importancia en un sistema electoral en el que el escrutinio realizado en la Mesa de sufragio es, al tenor de la Ley, irrevisable.

En el 46,5% de las Mesas de Sufragio observadas, no hubo los carteles con las listas de candidatos a Alcaldes y Regidores, cuya presencia en los recintos secretos manda la ley para efectos de orientar a los electores. Ésta fue una generalizada irregularidad en todo el país, como se desprendió de las diferentes denuncias e impugnaciones que las fuerzas políticas formularon ante los Jurados Provinciales.

La dificultad principal se presentó en el diseño de las cédulas electorales y en los errores cometidos en su repartición.

El crecido número de candidatos, tanto provinciales como distritales, y el tiempo escaso que tuvo el JNE para organizar el proceso electoral municipal, contribuyeron al diseño defectuoso y confuso de las cédulas electorales.

Hubo una cédula única para todos los distritos, otras para los cercados y por último dos diferentes para las provincias de Lima y el Callao. Las cédulas fueron diseñadas de tal manera que los partidos políticos fueran identificados con su nombre y símbolo y numerados del 1 al 31, ocupando las dos terceras partes del espacio de la cédula. Las listas independientes fueron identificadas con números impares, colocados a la izquierda de la cédula. En las cédulas distritales, frente al nombre de cada partido hubo dos casillas, la primera para el voto distrital y la segunda para el voto provincial. En el caso de los números que identificaron a las listas independientes y que fueron adjudicados por los Jurados provinciales, se agruparon en dos secciones que contenía cada una la numeración completa, correspondiendo la primera a la elección distrital y la segunda a la provincial, de tal manera que el elector no hallaba los números de la lista de su preferencia en casillas juntas, una para la elección distrital, otra para la provincial, sino que debía marcar el número correspondiente en la primera sección y luego buscar ese mismo número en la otra sección correspondiente a la elección provincial. Para aumentar la confusión, hubo algunos casos en los que una lista independiente recibió números diferentes para la elección distrital y provincial. Las consecuencias de ello serán abordadas más adelante en el capítulo sobre el escrutinio.

Las fallas más importantes relacionadas con las cédulas electorales en el día de las elecciones ocasionaron la suspensión de éstas en cinco importantes Distritos de la Provincia de Puno que representan el 31,6% de la votación total de la Provincia, y en uno de la Provincia de Piura, amén de afectar el inicio de la votación en el cercado de Piura.

En el caso de los cinco Distritos de la Provincia de Puno, el Jurado Provincial después de haber consultado con el JNE en dos oportunidades, en diciembre y en enero, sin obtener respuesta, sobre la adjudicación de números en la cédula de votación para las listas independientes, procedió a hacerlo en forma acumulativa para todas las listas de los distritos, en vez de hacerlo individualmente distrito por distrito. La asignación así efectuada por el Jurado Provincial, sobrepasó la asignación de números determinados en la cédula de sufragio aprobada por el JNE. Percatado de su error, el Jurado Provincial de Puno dispuso confeccionar como anexo cédulas distritales adicionales para los distritos en donde se presentó el problema. El JNE, el 28 de enero, mediante la Resolución N 392-93 decidió suspender las elecciones en estos distritos.

En el caso del Distrito de Catacaos, Provincia de Piura, fueron enviadas cédulas correspondientes al cercado de Piura, y por lo tanto no fue posible realizar la elección. En el cercado de Piura, al inicio de la votación, se constató que en algunas Mesas de Sufragio, se estaba votando con cédulas correspondientes a los distritos. El problema, al ser detectado prontamente, fue corregido antes de que afectara un número significativo de votos.

El escrutinio

En esta instancia se ratificó la complejidad del sistema comicial, que afectó tanto a los votantes como a los miembros de mesa. Los escrutinios fueron lentos, conducidos por personas que carecían de la información y preparación debidas y que, por lo mismo, incurrieron en errores materiales frecuentes.

a) *En las Mesas de Sufragio*

En el sistema electoral peruano, el escrutinio realizado en la Mesa de Sufragio es irrevisable. Los Jurados Provinciales solo están facultados para pronunciarse sobre las apelaciones que se hubiesen interpuesto contra las resoluciones de la Mesa respecto a las impugnaciones que se hubiesen formulado, y sobre los errores materiales en que se pudiese haber incurrido en las operaciones aritméticas del escrutinio.

Desde este primer escrutinio, se confrontaron dos problemas básicos: el de los errores provocados por la deficiente confección de la cédula electoral y el de las equivocaciones en la elaboración del acta de escrutinio.

Las cédulas electorales no fueron elaboradas teniendo en cuenta las fuerzas inscritas en cada provincia y distrito. Tres clases de problemas se presentaron con las cédulas al momento del escrutinio, de acuerdo con lo observado por la Misión.

El primer caso, fueron las cédulas electorales que consignaban símbolos de agrupaciones que no presentaban candidatos en ninguna provincia o distrito. Esta situación introdujo, obviamente, confusión en los electores y generó algunos votos nulos, lo que sirvió de base a no pocas demandas de nulidad de elecciones distritales y provinciales.

En segundo lugar, existieron cédulas electorales que consignaban símbolos de agrupaciones que no tenían candidatos para la elección distrital. La situación creada por esta circunstancia no tiene antecedentes en las elecciones peruanas y ha provocado varias acciones de nulidad de las elecciones ante el JNE.

En el caso de la Provincia de Lima, los electores de siete distritos sufragaron por los candidatos de Movimiento "Obras", marcando en las cédulas el símbolo de esa agrupación, a pesar de que ésta no contaba con candidatos inscritos en esos distritos. La irregularidad es grave y notoria, puesto que es razonable pensar que la intención de los electores no fue la de anular o viciar el voto y que, de no haber existido el símbolo del Movimiento "Obras" en la casilla del voto distrital, los ciudadanos hubiesen votado por alguna de las otras opciones que se le ofrecían. El hecho de la presencia del símbolo del movimiento en la cédula de sufragio, en el espacio reservado al voto distrital, indujo a error al elector en la manifestación de su voluntad política y a los miembros de las Mesas de Sufragio en el momento del escrutinio. Varias agrupaciones han recurrido la decisión del Jurado Provincial de declarar electo al candidato inscrito que siguió en votos al Movimiento "Obras" y nulos los votos obtenidos por esta agrupación, por considerar que esos votos, tenidos por nulos, fueron válidamente emitidos y que no correspondían dentro de las causales de nulidad que taxativamente señala la ley. Además, alegaron que no existió uniformidad de criterio en el tratamiento de esos votos por las Mesas de Sufragio, contabilizándolas algunas como válidos y otras como nulos. Por lo mismo, sostuvieron, debía declararse nula la elección por razón de las graves irregularidades que se presentaron y que, en su concepto, eran suficientes para modificar los resultados de la elección.

En el caso de Calca, Distrito de la Provincia de Cusco, el candidato de Nueva Mayoría-Cambio 90 no alcanzó a ser notificado de la resolución del JNE por medio de la cual sólo se autorizaban listas de esa agrupación en cinco provincias, distintas a la de

Cusco. Por lo mismo, nunca solicitó la adjudicación de un número para una lista independiente. Realizada la votación, los electores marcaron mayoritariamente el símbolo de Nueva Mayoría-Cambio 90, eligiendo a quien, por Resolución del JNE, no podía ser candidato a Alcalde de ese Distrito.

El tercer caso lo constituyeron las cédulas electorales que consignaban hasta tres veces números asignados a listas independientes. En el Distrito de Carmen de la Legua Reynoso, de la Provincia del Callao, los números 5, 7, 27, 29, 33, 37 y 43, fueron consignados en tres espacios distintos en la cédula de sufragio, lo que ocasionó que los electores que sufragaron por las listas independientes identificadas con estos números, marcaron los tres espacios en donde se consignaba el número de su lista respectiva, viciando así de nulidad sus votos.

En esta primera fase del escrutinio, el segundo problema de importancia —además de los tres anteriores vinculados a las cédulas electorales— lo constituyeron las equivocaciones en la elaboración de las actas de escrutinio por parte de los miembros de las Mesas de Sufragio. La designación de miembros de las Mesas improvisados, ante la ausencia de los titulares y de sus suplentes, tuvo consecuencias sobre la correcta elaboración de las actas electorales en todo el país. La irregularidad más común y frecuente consistió en sumas equivocadas, en discrepancias entre el número de sufragantes y el de votos emitidos, en omisiones de los totales de votos emitidos, nulos y blancos y, en general, en ignorancia sobre la aplicación de la ley electoral en lo relativo a votos nulos y blancos y al trámite de las impugnaciones formuladas en la Mesa por los personeros de las fuerzas políticas. Estas fallas tuvieron repercusión sobre el escrutinio realizado por los Jurados Provinciales, como se verá a continuación, y fue fuente de la mayoría de las demandas de nulidad de las elecciones presentadas ante el JNE.

b) *En los Jurados Provinciales*

Los problemas arriba señalados dieron lugar a un alto número de impugnaciones ante los Jurados Provinciales, los que, en el caso de los errores en las actas electorales, tomaron decisiones de muy diverso contenido.

En lo relativo a los defectos de las cédulas electorales y a las confusiones y errores que estas provocaron, los Jurados Provinciales, basados en el Artículo 174 del Decreto 14.250, consideraron que no se trataba de una de las causales de nulidad que la ley señala taxativamente para que puedan estos Jurados declarar la nulidad de una elección. Fundados en el Artículo 182 del mismo estatuto, que prevéeeque el JNE puede declarar la nulidad de las elecciones realizadas en una determinada circunscripción electoral cuando existan graves irregularidades que sean suficientes para modificar los resultados electorales, las agrupaciones políticas interesadas sumaron esta circunstancia a los errores observados en las actas de escrutinio e interpusieron acciones de nulidad en contra de las elecciones provinciales y distritales.

En lo que respecta a las impugnaciones formuladas en razón de los errores en las actas de escrutinio, los Jurados Provinciales las resolvieron de muy diversa forma. Algunos dieron por válidos los votos expresados en las actas, sin importar si ellos superaban, o no alcanzaban el número total de sufragantes en cada Mesa. Hubo quienes decidieron imputar la diferencia a los votos nulos para hacer cuadrar de esa manera los votos con el número de sufragantes expresado en cada acta. Otros, con mayor sencillez, hicieron coincidir ambas cifras arbitrariamente.

Por el número de electores y por los temas que se ventilaron, merecen mención especial las Resoluciones del Jurado Provincial de Lima. En relación con los votos mayoritarios emitidos por candidatos no inscritos, este Jurado decidió declarar electo al candidato que siguió en votos y tener por nulos los votos emitidos por el Movimiento "Obras" que no inscribió candidatos en estos distritos. Respecto a la discrepancia entre el número de sufragantes y el número de votos contabilizados en cada acta, optó por considerar válidos hasta cuatro votos de más y el número de votos faltantes que no sobrepasara el 20% del total de sufragantes. Esta interpretación puede ser considerada contraria al principio de que el escrutinio de la Mesa es irrevisable y de que al Jurado Provincial sólo le es permitido corregir los errores materiales.

c) *Las resoluciones del JNE*

A un mes de finalizadas las elecciones, el JNE había resuelto 76 casos. Tenía para resolver, después de realizarse la respectiva audiencia pública, otros 61 casos, y no había todavía conocido en audiencia pública 116 expedientes.

De las 76 acciones resueltas, el Jurado declaró la nulidad de las elecciones en los Distritos de Nuñoa y Magdalena del Mar, así como en la Provincia de Huancansaca.

En algunas de la resoluciones del JNE dio a la interposición del recurso judicial de amparo ante la justicia ordinaria por considerar los recurrentes que tales decisiones violaban ostensiblemente sus derechos.

El hecho de que las resoluciones de los Jurados Provinciales y los actos administrativos mediante los cuales ellos declaran electos a los candidatos y otorgan las respectivas credenciales no surten efectos jurídicos desde su emisión, sino que se ven suspendidos hasta las decisiones del JNE, estimuló la presentación de recursos de nulidad por parte de los distintos contendores electorales, con los consiguientes efectos negativos sobre la vida municipal.

Análisis de las denuncias

El Grupo de Observadores recibió un total de 64 denuncias, 35 de ellas mediante la forma de copias de escritos dirigidos a otras autoridades y 29 directamente remitidas a los observadores.

En la Provincia de Lima, fue en la que se presentaron el mayor número de denuncias, seguida por las que se presentaron en las Provincias de Huancayo, Calca, Huaraz, Paucartapa y Piura.

Cincuenta y uno de ellas fueron presentadas por fuerzas políticas y las 13 restantes por personas naturales; 45 fueron dirigidas contra las autoridades electorales, 8 contra las Fuerzas Armadas, 5 contra partidos políticos y 6 contra diversas personas u autoridades. El mayor número de denuncias versó sobre la cédula electoral (25) y sobre el acta electoral (17) y 36 pidieron la nulidad de las elecciones, mientras que 18 correspondieron a impugnaciones de diversos aspectos del escrutinio.

Se pudo constatar que las impugnaciones, denuncias y acciones de nulidad versaron, en su inmensa mayoría, sobre las fallas e irregularidades que han sido descritas arriba y que se relacionan principalmente con la cédula de sufragio y con la contabilización de los votos en las actas electorales.

Todas las denuncias fueron tramitadas de acuerdo con la Guía de Procedimientos suscrita con el JNE y por lo mismo llevadas al conocimiento de la máxima autoridad electoral

Conclusiones

El JNE y los Jurados Provinciales realizaron su trabajo sometidos a las presiones resultantes del corto tiempo de que dispusieron para la organización del proceso electoral, las que se sumaron a las imperfecciones y complejidades del sistema electoral.

Como ya se señaló, el carácter ad hoc de las autoridades electorales que cambian para cada elección conspira contra una adecuada capacitación de sus miembros, impide la existencia de una Jurisprudencia Electoral a nivel de los Jurados Provinciales y Departamentales, estimula la dualidad de criterios para resolver los asuntos sometidos a su conocimiento y no permite su funcionamiento en condiciones materiales y técnicas apropiadas.

a) *Los Jurados Provinciales*

Estas autoridades electorales hicieron frente al trabajo que les corresponde con escaso tiempo para su planeamiento y ejecución, y con carencia de locales apropiados, de materiales de trabajo y de personal capacitado. La falta de tiempo resultó más notoria en algunas zonas del país, en las que las dificultades de comunicación aumentaron considerablemente los problemas organizativos y logísticos del acto comicial.

Los Jurados Provinciales que son autónomos por disposición de la Ley Electoral, en su mayoría no actuaron en ejercicio de esa autonomía, y en la mayor parte de los problemas que afrontaron esperaron directivas del JNE. Fueron lentos en pronunciarse sobre las tachas presentadas contra candidatos, en resolver las diferentes impugnaciones que formularon en número considerable las fuerzas políticas, y aplicaron conceptos disímiles para la solución de casos iguales y semejantes.

La mayor parte de los Fiscales que presidieron los Jurados Provinciales carecían de la experiencia necesaria en el manejo de un proceso electoral y no tenían mayores conocimientos sobre las disposiciones de la Ley Electoral.

A pesar de las deficiencias del sistema y de los inconvenientes señalados, no puede decirse que estas autoridades incurrieran de manera flagrante en actos que afectaran su imparcialidad, sino que actuaron con las limitaciones propias a su integración y a su carácter *ad-hoc*.

b) *El Jurado Nacional de Elecciones*

La máxima autoridad electoral enfrentó la organización y dirección del proceso electoral municipal, apremiada por el corto tiempo disponible y afectada por las mismas deficiencias que ya habían sido observadas cuando la elección del CCD.

Las carencias administrativas, que se derivan de los efectos estructurales del JNE, se tradujeron en el confuso diseño de las cédulas electorales, en el defectuoso reparto del material electoral y en la escasa asistencia prestada a los Jurados Provinciales.

Por otra parte, el sistema de cómputo utilizado para los escrutinios provinciales resultó menos eficiente que el empleado cuando la elección del CCD, en razón de las fallas imputables al Grupo de Apoyo de la Presidencia del JNE. En efecto, ellas no permitieron una eficaz coordinación con los técnicos de la firma IBM, encargados del cómputo en las provincias, con excepción de Lima e Ica, y tuvieron directa incidencia en las dificultades encontradas en los cómputos en estas dos últimas Ppovincias.

Las condiciones generales en que se realizaron estas elecciones municipales del 29 de enero de 1993, se pueden resumir de la siguiente manera.

La acción de los movimientos terroristas fue intensa y tuvo como objetivo impedir la realización de las elecciones mediante atentados contra los candidatos a alcaldes y regidores en todo el país y la convocatoria a un paro armado vigente durante las 72 horas previas al día electoral. El gobierno garantizó la vigencia de las libertades públicas necesarias para el desarrollo de la campaña electoral de todos los sectores participantes.

A pesar de las amenazas y atentados de los grupos terroristas, la participación de los candidatos y de la ciudadanía fue masiva tanto en la etapa pre electoral como durante el día de la elección y las fuerzas militares y policiales garantizaron la libertad de sufragio y cumplieron eficientemente con las funciones que les impuso la ley durante el acto electoral.

La Misión de Observación Electoral y de asistencia técnica de la OEA a los comicios municipales pudo constatar diversos tipos de problemas durante el proceso electoral. Las dificultades encontradas no pueden ser atribuidas a una voluntad fraudulenta de alguno de los actores del proceso sino, fundamentalmente, a que las dificultades generadas por el poco tiempo que dispuso el JNE para organizar este proceso electoral; plazo, por otra parte, no atribuible a su voluntad, sino al cronograma de reinstitucionalización democrática y que las carencias de la legislación y la estructura de los organismos encargados de administrar el proceso electoral.

Entre los principales problemas observados deben mencionarse los siguientes:

- La complejidad de la cédula electoral. La gran cantidad de partidos políticos, agrupaciones, alianzas y listas independientes que se presentaron en la elección, sumada al hecho de que éstas se realizaban en 180 provincias y 1.800 distritos, llevaron al JNE a imprimir sólo 6 tipos de cédulas: 2 para Lima, 2 para la Provincia Constitucional del Callao y 2 para el resto del país. Esta circunstancia derivó dos resultados prácticos. El primero fue que las opciones que figuraban en la cédula fueran habitualmente mayores que los candidatos que realmente se presentaban en cada distrito o provincia, provocándose el curioso resultado de que, en algunos distritos, ganaran partidos sin haber presentado candidatos. El segundo, que la cantidad de opciones existentes en la cédula provocara, por desconocimiento de los electores al momento de emitir su voto, un importante número de votos viciados o nulos.
- Las remociones de numerosos Presidentes de Jurados Provinciales. Como ya se mencionó con anterioridad, durante los treinta días previos a la elección se destituyeron a 48 presidentes de Jurados Provinciales.
- La circunstancia establecida en el párrafo anterior, más las características del propio sistema de administración electoral, determinó que los diversos Jurados Provinciales fallaran con criterios diferentes, cuando no contradictorios, ante situaciones iguales o similares. En especial, es importante destacar la variedad de criterios de los Jurados Provinciales para resolver las diferencias existentes entre

el número de sufragantes y el número de votos indicados en las actas de cada mesa. Este problema se presentó en miles de mesas en todo el país.
- El elevado número de impugnaciones. Las impugnaciones presentadas en su inmensa mayoría piden la anulación de las elecciones, en algunos casos en toda la provincia, y en su mayoría en los distritos. Los Jurados Provinciales, que actuaron como tribunal de primera instancia, rechazaron la casi totalidad de los pedidos de anulación. Interpuestas los recursos de apelación, correspondió al JNE, como tribunal de alzada, emitir los fallos pertinentes que, al tenor de la Ley, son inapelables.

CAPÍTULO V
El Referéndum de la Constitución

El Gobierno del Perú, mediante nota de fecha 7 de septiembre de 1993, suscrita por Alejandro León Pazos, Embajador, Representante Permanente del Perú ante la Organización de los Estados Americanos, solicitó al Secretario General el envío de una Misión de Observación del Referéndum, convocado para el 31 de octubre de 1993.

El Secretario General dio respuesta al Representante Permanente del Perú, mediante comunicación del 7 de octubre de 1993, en la que informó que dispuso la integración de la Misión de Observación, y propuso la extensión, para esta misión observadora, de las disposiciones contenidas en el Acuerdo entre el Gobierno de la República del Perú y el Secretario General de la Organización de los Estados Americanos, relativo a los privilegios e inmunidades de los observadores firmado el 28 de septiembre de 1992.

El Representante Permanente del Perú ante la Organización, en carta de fecha 27 de octubre de 1993, dio respuesta al Secretario General y expresó así el acuerdo del Gobierno del Perú:

> Sobre el particular, y por expresas instrucciones de mi Gobierno, tengo a honra poner en conocimiento de Vuestra Excelencia que los integrantes de la Misión de Observación de la OEA a dicho acto electoral, gozaron de los privilegios e inmunidades contenidas en el Acuerdo mencionado, excluyendo por disposiciones legales expresas, el pago del Impuesto General a las Ventas y del Impuesto selectivo al Consumo (Suntuario) comprendidos en el Art. 5º del Acuerdo de 1992, los mismos que actualmente son sufragados por todos los ciudadanos en el Perú, así como por los funcionarios y las misiones diplomáticas acreditadas en el país, sin excepción.

En relación con los antecedentes políticos y legales de la convocatoria al Referéndum de la Constitución, es posible realizar algunas breves consideraciones.

En cumplimiento de los compromisos asumidos por el Presidente Alberto Fujimori en la reunión Ad Hoc de Ministros de Relaciones Exteriores de la OEA, celebrada en Las Bahamas el 28 de mayo de 1992, el Poder Ejecutivo mediante el decreto Ley 25.557 del 17 de junio de 1992, convocó a elecciones para integrar el CCD con la fecha del 22 de noviembre de 1992 para su realización.

En ese Decreto de Convocatoria también se dispuso que el texto constitucional que eventualmente aprobara el Congreso sería sometido a referéndum.

Una vez aprobado el texto constitucional por el CCD, el Poder Ejecutivo expidió el Decreto Supremo 06/93 del 4 de setiembre de 1993, mediante el cual convocó al Referéndum para el 31 de octubre de 1993.

En los considerandos de ese decreto de convocatoria se señala:

Que el Art. 147 del Decreto Ley 25.684, Ley de Elecciones para el Congreso Constituyente Democrático, establece que el texto de la nueva Constitución elaborado y aprobado por el Congreso Constituyente Democrático, sea sometido a referéndum para su ratificación.

Previamente, el CCD había expedido el 31 de agosto de 1993 la Ley de Referéndum Constitucional que en sus principales Art.s dice:

Art. 1: Procédase a realizar un Referéndum a efecto de conocer la voluntad del pueblo peruano respecto del nuevo texto constitucional aprobado por el Congreso Constituyente Democrático.

Art. 2: La Cédula de votación contendrá la siguiente pregunta: "Aprueba usted la nueva Constitución aprobada por el Congreso Constituyente Democrático". Aparecerán a su vez dos recuadros en colores diferentes con las expresiones SÍ y NO.

Art. 3: Se considerará ratificada la nueva Constitución si los votos por el SÍ. superan a los del NO.

Art. 4: El Presidente de la República convocará al Referéndum a que se refiere el Art. 1 de la presente Ley Constitucional, dentro de los siete días siguientes a su publicación, para que se realice entre el 26 de octubre y el 26 de noviembre de 1993.

Art. 5: El Jurado Nacional de Elecciones queda autorizado a dictar las disposiciones necesarias para el cumplimiento de esta Ley, aplicando para el efecto, las normas relativas al proceso electoral del Congreso Constituyente Democrático, en todo aquéllo que resulte compatible con un proceso de consulta ciudadana. El Jurado podrá solicitar al Congreso cualquier norma complementaria que sea indispensable para la realización del Referéndum.

Organización de la Misión

El Secretario General designó como Coordinador General de la Misión a su Asesor Especial, Dr. Mario González Vargas, quien llegó a Lima el día 11 de octubre de 1993.

Los demás integrantes de la Misión hicieron su arribo a Lima los días 14, 15 y 16 de octubre, hasta completar 30 personas. Posteriormente, el 30 de octubre, se integró a la Misión el señor Toshio Watanabe, Director Adjunto de la División de América Latina y el Caribe en el Ministerio de Relaciones Exteriores del Japón.

Con excepción del observador japonés, todos los integrantes de la Misión participaron en las observaciones realizadas con ocasión de los procesos electorales para CCD y las elecciones de autoridades municipales.

El 16 de octubre tuvo lugar un seminario en el que los observadores estudiaron el reglamento expedido por el JNE para el referéndum, repasaron y adecuaron a las características de esta consulta electoral los mecanismos e instrumentos de la Misión, se informaron sobre el contexto político de la campaña electoral, y recibieron recomendaciones sobre los aspectos relativos a la seguridad de la Misión y de sus integrantes.

Los observadores se ubicaron en las ciudades de Lima, Arequipa, Cusco, Huancayo, Trujillo, Piura, Iquitos, Puno y Chiclayo. Las nueve ciudades escogidas para sedes de la observación corresponden a las de mayor población electoral en cada una de las tres regiones, costa, sierra y selva, del país. Cada sede contó con equipos de dos observadores.

a) *La estrategia de la Misión*

Los miembros del Grupo de Observadores fueron instruidos para efectuar un relevamiento prolijo de las condiciones que rodearon el proceso electoral, teniendo especialmente en cuenta los siguientes aspectos:

- Garantías democráticas para los individuos, las organizaciones políticas y las diferentes asociaciones y gremios que participaron en el referéndum.
- Actitud y comportamiento de las autoridades públicas, civiles y militares.
- Actitud y comportamiento de las autoridades electorales en el ejercicio de sus funciones y en la aplicación de la Ley Electoral.
- Situación de la seguridad pública en el marco del proceso eleccionario.
- Comportamiento de los medios de comunicación.
- Circunstancias en las que se realiza el acto eleccionario.
- Condiciones en las que se realiza el escrutinio en las Mesas de Sufragio y en los JDE.

La seguridad de los integrantes e instalaciones del Grupo de Observadores estuvo a cargo del Comando Conjunto de las Fuerzas Armadas del Perú y fue coordinada por un oficial de graduación superior.

b) *Computación y sistemas*

Los objetivos de la Misión en esta área fueron la verificación de que el Sistema de Computación implantado por el JNE para uso en el cómputo de resultados del Referéndum fuera un mecanismo válido y confiable, el apoyo técnico al equipo de observadores de la Misión en la utilización de computadores y la coordinación con el área de estadística del proceso de la muestra.

Respecto a la muestra, el objetivo del trabajo fue desarrollar un esquema de predicción estadística de los resultados del Referéndum. Para este efecto, se elaboró un sistema de muestras para la recolección de datos y el diseño de métodos estadísticos apropiados para predecir los resultados.

Período pre-comicios

a) *La Ley Electoral*

El JNE expidió el 27 de septiembre de 1993 el Texto Normativo del Referéndum, en el que reglamentó aspectos referentes al sufragio, al escrutinio, a las impugnaciones, a los Personeros, al cómputo departamental, a la votación en el extranjero, al cómputo nacional y a la propaganda electoral.

Dispuso que este texto normativo del Referéndum constituyera la legislación principal y específica que se aplicara con carácter general al proceso en referencia. Asimismo, decidió que las normas expedidas para los procesos electorales del CCD y de las elecciones Políticas Generales se apliquen, en lo que sea pertinente, en forma complementaria y por excepción, sólo en los casos de vacío, ausencia o nuevo hecho no contemplado en el Texto Normativo del Referéndum. En estos casos, fueron aplicables, en su orden, las disposiciones contenidas en el DL 14.250, Ley General de Elecciones y en el DL 25.684, que reguló las elecciones para el CCD.

Este conjunto de normas constituyó un marco adecuado para la realización del proceso electoral. La Organización Electoral estuvo compuesta por el JNE, los JDE y las Mesas de Sufragio, que ejercieron las competencias y atribuciones que les señalaron los textos legales arriba citados.

b) *Entrevistas con las autoridades*

El Coordinador General del Grupo de Observadores mantuvo dos entrevistas con el señor presidente del Consejo de Ministros y Ministro de Industria y Turismo, Integración y Negociaciones Comerciales Internacionales, Dr. Alfonso Bustamante y Bustamante. Se reunió igualmente con el señor Viceministro de Política Internacional de Relaciones Exteriores, Embajador Jorge Gordillo Barrero.

El Grupo de Observadores del Secretario General y el JNE acordaron hacer extensivas a la observación del Referéndum las disposiciones de la Guía de Procedimientos suscrita con ocasión de la observación de la elección para el CCD, con excepción de las normas referidas a la asistencia técnica.

El Coordinador General mantuvo contacto permanente con el JNE, por medio del cual pudo informarse de las acciones de preparación de las elecciones, de las Resoluciones del Jurado expedidas sobre asuntos llevados a su consideración por las fuerzas políticas partidarias, de las acciones tomadas con motivo de las informaciones presentadas por el Grupo de Observadores, de la realización del cómputo nacional y de las decisiones del Jurado sobre los recursos de nulidad interpuestos en apelación.

Asimismo, los observadores destacados en las ocho sedes distintas a Lima, mantuvieron igualmente con los JDE de sus jurisdicciones, una relación similar en aplicación y cumplimiento de las disposiciones de la Guía de Procedimientos de los Observadores de OEA.

Respecto a los vínculos con los dirigentes de las fuerzas políticas, el Coordinador General tuvo oportunidad de reunirse con las autoridades nacionales de las siguientes agrupaciones políticas: Frente Independiente Moralizador, Nueva Mayoría-Cambio 90, Solidaridad y Democracia, Acción Popular, Movimiento Democrático de Izquierda, Partido Popular Cristiano, Partido Unificado Mariateguista, Partido Aprista Peruano. Recibió igualmente la visita del Coordinador del Comite Cívico por el NO.

Los observadores en las diferentes regiones tuvieron encuentros con todas las fuerzas políticas que estuvieron activas en la campaña del Referéndum.

c) *La campaña electoral*

Las manifestaciones, las reuniones políticas y las movilizaciones en general fueron muy escasas y generalmente llevadas a cabo por asociaciones, gremios, sindicatos y organizaciones estudiantiles. Algunas de ellas encontraron dificultades para su realización y otras no pudieron efectuarse por la negativa de autoridades civiles y militares que adujeron la vigencia del estado de emergencia para denegar los permisos solicitados.

El caso más importante fue, sin duda, el de la negativa del Comandante de la Segunda Región Militar que sostuvo en una resolución:

> . . . por motivos de seguridad pública y en razón de encontrarse el Departamento de Lima en Estado de Emergencia de conformidad con el Decreto Supremo 084-93 del 18 de septiembre de 1993.

Así se daba respuesta a una solicitud formulada por una organización estudiantil y un sindicato de trabajadores, para realizar una marcha por el NO el 27 de octubre en el centro de la ciudad de Lima, desde las 16.00 a las 21.30.

El Congresista Antero Florez-Aráoz, en su calidad de Coordinador del Grupo Parlamentario del Partido Popular Cristiano, el Comando nacional de Organizaciones Populares por el NO y Luis Alvarado Contreras, por el Comando Nacional por el NO del Partido Aprista Peruano, dirigieron sendos escritos al Grupo de Observadores denunciando esa negativa como una limitación de las garantías electorales. El doctor Florez-Aráoz solicitó al grupo de Observadores que demandará el pronunciamiento del JNE y el del presidente del Consejo de Ministros sobre la negativa del Gobierno de conceder autorizaciones para la realización de marchas y concentraciones en favor del NO.

El Grupo de Observadores del Secretario General hizo llegar al conocimiento del JNE y del presidente del Consejo de Ministros las comunicaciones recibidas, y manifestó su preocupación por las implicaciones que pudiese tener esta negativa sobre las garantías electorales, cuando movilizaciones del mismo carácter habían sido autorizadas en el marco de la elección del CCD, en el que también se hallaba vigente el Estado de Emergencia y prevalecían condiciones de seguridad más difíciles que las que se vivían en el contexto de la consulta del Referéndum.

El JNE, mediante la Resolución 020-93-JNE-REF, del 26 de octubre de 1993, resolvió:

> . . . declarar que las autoridades militares, políticas y civiles, deben amparar la libre expresión de la ciudadanía en apoyo, tanto de los partidarios del SÍ y del NO, en el proceso electoral del Referéndum.

Notificado de la Resolución del JNE, el Comandante de la Segunda Región Militar autorizó la realización de la marcha, la que se desarrolló normalmente.

Esta Resolución facilitó que algunas movilizaciones pudieran llevarse a cabo en distintas ciudades del país durante los dos últimos días de la campaña electoral. Sin embargo, puede decirse que las negativas de las diferentes autoridades civiles y militares, por lo menos dificultaron y obstaculizaron la organización y realización de las manifestaciones públicas, y fueron un elemento limitante de la libertad de proselitismo, que no se dio con la misma intensidad y generalidad que en los dos procesos electorales anteriores, el del CCD y el de las elecciones municipales.

d) Los medios de comunicación

La Constitución en sus Arts. 70 y 71 establece:

> El Estado no da trato preferente a partido político alguno. Proporciona a todos acceso gratuito a los medios de comunicación social de su propiedad con tendencia a la proporcionalidad resultante de las elecciones parlamentarias inmediatamente anteriores. Durante las campañas electorales, los partidos políticos inscritos tienen acceso gratuito a los medios de comunicación social de propiedad del Estado.

No existían normas legales específicas que regularan el acceso de las fuerzas políticas a los medios de comunicación en el marco del Referéndum, en razón de que era la primera vez que se realizaba ese tipo de consulta en el país. Sin embargo, de acuerdo con lo establecido en la Ley de Referéndum Constitucional del 31 de agosto de 1993, el JNE estaba autorizado a dictar las disposiciones necesarias para el cumplimiento de dicha Ley, aplicando para tal efecto, las normas relativas al proceso electoral del CCD en todo aquéllo que resultare compatible con el proceso de consulta ciudadana.

En el Título V de las disposiciones complementarias del Decreto Ley 25.648 se establece que durante la campaña electoral los participantes tendrán acceso gratuito, en forma igualitaria, a los medios de comunicación social de propiedad del Estado. No indica fecha de inicio, ni duración pero en las Disposiciones finales de la Ley, se establece que se aplicará en forma supletoria el Decreto Ley 14.250 en cuanto no se oponga a lo establecido en dicha Ley.

A su vez el Decreto Ley 14.250 en su Art. 207 establece que las estaciones de radio difusión de propiedad del Estado pondrán, a disposición de los partidos políticos, agrupaciones y alianzas, sin costo alguno, un espacio diario de 30 minutos en los programas desde un mes antes, hasta 24 horas antes del día señalado para las elecciones y que las fechas y horas serán asignadas por sorteo que se efectuará en la dirección de Radio Nacional del Perú, en presencia de Personeros.

En el campo del libre acceso a los medios de comunicación, el JNE cumplió con reglamentar los espacios gratuitos para cada uno de las agrupaciones políticas. Para ese efecto emitió la Resolución 009-93-JNE/REF, de fecha 1 de octubre de 1993, por medio de la cual autorizó la propaganda electoral en las estaciones de televisión y radiodifusión de propiedad del Estado, de los partidos políticos, agrupaciones independientes y alianzas que participaron en los procesos electorales, políticos en general, municipales y regionales y los que participaron en las elecciones del Congreso Constituyente Democrático.

Ante la solicitud del Presidente del Directorio de la Radio y Televisión Peruana (RTP), en el sentido de que el JNE le comunicara la proporción aplicable en la asignación de los espacios gratuitos para las diferentes fuerzas políticas, el Jurado expidió el 8 de octubre la Resolución 012-93-JNE-REF, en la que señala a la RTP que:

> ... sin más perdida de tiempo, convoque a las agrupaciones políticas citadas en la Resolución 009-93, a efectos de sortear los espacios gratuitos que le corresponde a cada agrupación, con tendencia a la proporcionalidad.

Después de recibir nuevamente de parte de la Presidencia del Directorio de RTP el requerimiento de que se le "instruya con la debida precisión la proporcionalidad del tiempo que le corresponde a cada agrupación política", el JNE profirió la Resolución 013-93-JNE-REF el 12 de octubre de 1993, en la cual reiteró la obligación, bajo apercibimiento, de RTP de entregar espacios gratuitos a las Agrupaciones Políticas citadas en la Resolución 009-93, y designó a un funcionario del Jurado para que en su representación observara y fiscalizara el sorteo que se efectuó ese mismo día.

No todos los partidos, agrupaciones y lianzas habilitados por el JNE hicieron uso de los espacios que les fueron adjudicados. De los 36 partidos, agrupaciones y alianzas que recibieron 3 espacios que sumarban 25 minutos para cada uno, 13 utilizaron los 3espacios asignados, 8, hicieron uso de 2, 4, se presentaron a uno de ellos y 11 nunca se hicieron presentes en las tres oportunidades que les correspondieron.

En relación con las decisiones del JNE relativas al acceso gratuito a los medios de comunicación, se interpusieron dos recursos.

El primero, por parte del Personero de la Alianza Nueva Mayoría-Cambio 90, en el que se solicitó:

> La dación de una nueva Resolución precisando y modificando el alcance del Art. 22 de la Resolución citada (008-93), en el sentido que solo las organizaciones políticas representadas en el CCD, tendrán derecho a acreditar en bloque, tanto al Personero por el SÍ como al personero por el NO, teniendo en cuenta que las organizaciones que firmaron dictamen en minoría proponiendo otro texto constitucional son los facultados a elegir al Personero Nacional por el NO, a su suplente, así como a los demás Personeros y suplentes por el NO de los otros niveles de jurisdicción nacional.

El JNE mediante la Resolución 018-93, declaró inadmisible la solicitud del Personero Nacional de Nueva Mayoría-Cambio 90, por considerarla contraria al principio expresado en los Art.s 68, 69 y 70 de la Constitución Nacional.

El segundo, presentado por el Personero Nacional del Frente Independiente Moralizador (FIM), solicitó:

Ordenar se reintegre a nuestra agrupación política el espacio que nos han impedido usar por la prepotencia y el abuso del Gerente General de Canal 7.

El JNE, mediante la Resolución 019-93, declaró inaceptable que por un requisito formal no exigido a terceros, se frustre la realización de un espacio ya otorgado mediante sorteo por aplicación de las normas legales vigentes. En consecuencia invocó a RTP para que superara la situación creada concediendo a la indicada agrupación los espacios dejados de utilizar.

Por otra parte, las agrupaciones políticas tuvieron razonable acceso a los canales de televisión privados y sus representantes participaron en los programas de opinión que se realizaron sobre el referéndum.

En lo relativo a la propaganda sufragada por los partidarios del SÍ y del NO, fue evidente una desproporción entre los numerosos avisos publicitarios del SÍ en relación con la práctica inexistencia de los avisos a favor del NO.

e) *Garantías electorales*

El respeto de las garantías electorales que la Constitución y la Ley consagran para todas las agrupaciones políticas fue tema recurrente en la campaña y dio lugar a la mayoría de quejas, acusaciones y reclamos por parte de los partidarios del NO. Puede condensarse en tres grandes categorías: el proselitismo de los funcionarios públicos, la utilización indebida de los recursos del Estado y los problemas vinculados a la libertad personal y las intimidaciones.

Respecto al proselitismo de funcionarios públicos el Art. 209 del Decreto Ley 14.250 prohíbe a éstos formar parte de ningún comité u organismo político y hacer propaganda en favor o en contra de ningún partido o candidato.

En el curso de las conversaciones sostenidas con las diferentes agrupaciones y partidos que militaban por el NO, esta acusación fue generalizada y, al parecer, fue una prohibición desconocida por los funcionarios públicos de distinto nivel y jerarquía.

No resultó posible al Grupo de Observadores comprobar las 19 denuncias recibidas relativas al proselitismo oficial. Sin embargo, todos los casos percibidos directamente por los observadores fueron llevados al conocimiento del JNE. Los casos más relevantes hacen referencia a la pertenencia a comité por el SÍ, la participación en actos públicos, la realización de actividades propagandísticas prohibidas por la Ley.

El Grupo de Observadores informó al JNE sobre la participación en los Comités por el SÍ de Nicolás Takayama Sánchez, Presidente de la Región Nororiental del Marañón y Prefecto de Chiclayo, quien presidió el Comité por el SÍ en su región, y de Oscar Ortega Goguiet, Vicepresidente de esta misma región y miembro del Comité por el SÍ.

El Grupo de Observadores llevó al conocimiento del JNE la participación de la señora Lucila Sinshato, Presidenta de la Región Avelino Cáceres, en el acto político que tuvo lugar en el municipio de Satipo el 27 de octubre de 1993, y durante el cual se hizo entrega de un número indeterminado de tractores que lucían carteles de propaganda por el SÍ.

De la misma manera, informó al JNE sobre el notorio encabezamiento de parte del señor Presidente de la Región Nororiental del Marañón y Prefecto de Chiclayo, señor Nicolás Takayama Sánchez, de la caravana realizada el 28 de octubre a favor del SÍ en la ciudad de Chiclayo.

El Grupo de Observadores puso en conocimiento del JNE el hecho de que el Prefecto de Puno, señor Efraín Zúñiga, repartió ejemplares del texto constitucional sometido a Referéndum, con carátulas de color verde (el verde fue el color de la casilla del SÍ en la cédula de sufragio), impresos con fotografías del Presidente Fujimori y con leyendas que correspondían a los lemas de campaña de los partidarios del SÍ.

Los observadores pudieron constatar que esos mismos ejemplares del texto sometido a Referéndum fueron repartidos profusamente en Arequipa.

La Ley prohíbe toda actividad propagandística y proselitista 24 horas antes del día de las elecciones. Sin embargo, el mismo día de las elecciones, los canales de televisión, público y privados, emitieron varios reportajes con la participación de destacados partidarios de ambas opciones durante los cuales se hizo un amplio proselitismo. Entre ellos el propio Presidente Fujimori luego de depositar su voto, minutos después de las nueve de la mañana.

Por otro lado, y en relación a una alocución presidencial en la televisión el 26 de octubre, los partidos PPC y PUM respectivamente, hicieron llegar a la observación sendos documentos en los que denunciaron los términos de la alocución televisiva en la que el Presidente Fujimori aludió a la posibilidad de su renuncia en el evento de un triunfo del NO, como un chantaje al electorado que violaba la Ley Eelectoral y la Constitución.

En relación a la utilización de los recursos del Estado, la Ley prohíbe y castiga el uso indebido de los recursos estatales para fines electorales. Esta fue una de las denuncias más reiteradas a lo largo de la campaña. Las acusaciones señalaban que se hacía un uso sistemático de los erarios públicos para financiar la campaña y la publicidad a favor del SÍ, así como para inclinar la voluntad de los electores a favor de esta opción.

De los 13 casos que registró el sistema de quejas y denuncias, 3 fueron constatados personalmente por los observadores. En el caso de los 9 restantes, los denunciantes se limitaron a señalar los hechos sin alegar otros elementos de juicio. Algunas de las denuncias involucraron directa o indirectamente a miembros de las fuerzas Armadas.

Los 3 casos fueron: el del reparto de los ejemplares del texto sometido a Referéndum por parte del Prefecto de Puno (acción que también se observó en Arequipa); el de la entrega de tractores en la manifestación de Satipo, por parte de la Presidenta de la Región Avelino Cáceres; y el de la entrega de calaminas en Puno, de parte de la organización Cooperación Popular, dependiente del Gobierno Regional.

Por otra parte, en el marco de este proceso electoral se registraron numerosas denuncias sobre hechos que afectaron la libertad personal y de expresión y que pueden calificarse como acciones de intimidación. Se recibieron un total de 32 y consistieron en señalar:

La detención por parte de la fuerza pública de personas que realizaban tareas proselitistas, a las que se acusaba de actividades y vínculos terroristas, y su posterior remisión a las dependencias de la DINCOTE

El Grupo de Observadores, en el marco del proceso electoral del Referéndum, identificó algunas situaciones en las que no se concretaron cargos de ninguna índole contra los sindicados y éstos fueron dejados en libertad 24 ó 48 horas después de su detención.

En Chiclayo se detuvo a varios sindicalistas de la SUTEP por distribuir volantes a favor del NO. Luego de su ingreso y permanencia en las instalaciones de la DINCOTE, fueron liberados sin que se les formulara cargo alguno.

En Huancavelica fueron detenidos, el 25 de octubre, tres miembros del Partido Aprista Peruano, entre ellos Rullman Florez, Secretario Nacional del Interior de ese Partido. Después de permanecer detenidos en instalaciones de la DINCOTE, por 48 horas, fueron finalmente liberados sin que se les formulara ninguna acusación.

En Lima se detuvo a militantes del sindicato SUTEP, el 25 de octubre, que hacían proselitismo por el NO, los que después de permanecer varias horas en las dependencias de la DINCOTE, fueron finalmente liberados sin cargo alguno en contra de ninguno de ellos.

En Piura, militantes del Partido Aprista Peruano que pintaban consignas por el NO, fueron detenidos, llevados a la DINCOTE, y después de 6 horas de detención, liberados. En esa misma ciudad, un dirigente del APRA, fue detenido por pintar un NO en la pared de su propiedad. Recibió el mismo tratamiento que los anteriores.

Por último, en esta misma ciudad, varios miembros del SUTEP que hacían proselitismo por el NO, fueron detenidos y liberados varias horas después.

Se registraron otros casos más, como el de la detención en el mes de agosto del Alcalde de Tambogrande, bajo sospecha de vinculación con el terrorismo, que sigue bajo investigación de las autoridades, pero que alguna consecuencia tuvieron sobre el clima de la campaña electoral en los municipios en donde se produjeron.

- Acciones y decisiones de autoridades limitando o coartando la libertad de expresión de sectores partidarios del NO en el curso de la campaña electoral.

Los casos llevados al conocimiento del Grupo de Observadores fueron los que se detallan a continuación.

En Trujillo las autoridades de entidades públicas, como Hidrandina, el Banco Continental y Entel-Perú, impidieron cualquier tipo de manifestación o propaganda en favor del NO, hasta la de colocar propaganda en las puertas de acceso a esas instituciones, no ocurriendo lo mismo con las propagandas a favor del SÍ.

En Arequipa, el Canal de Televisión de propiedad del Estado negó al PPC el uso de los espacios que le correspondían. En Abancay, el Jefe del Comando Político Militar de la zona impidió al Decano del Colegio de Periodistas dar lectura a un discurso en el que abogaba por el NO.

- Acciones, amenazas y hechos que pueden calificarse como persecución política contra asociaciones e individuos activos en la campaña electoral.

Los hechos denunciados ante el Grupo de Observadores, por su naturaleza, constituyeron circunstancias de difícil comprobación y se refirieron ante todo a supuestas amenazas e intimidaciones a activistas y dirigentes políticos.

El día de la elección

El Grupo de Observadores el día de la elección extendió su observación a 83 provincias y se hizo presente en 4.637 Mesas de Sufragio.

a) *Instalación de las Mesas de Sufragio*

Al igual que en las elecciones para el CCD y en los comicios municipales, la inmensa mayoría de las Mesas no pudieron instalarse antes de las 8:00 de la mañana, que es la hora fijada por la Ley. De las 4.637 Mesas de Sufragio observadas, 3.932 no pudieron instalarse antes de las 8.00 de la mañana. Hubo que esperar una hora y media para que las Mesas pudieran funcionar con integrantes escogidos de entre las filas de electores. Como aconteció en los comicios anteriores, esta anomalía hizo que el JNE extendiera en una hora el tiempo para votar.

b) *El sufragio*

La votación se cumplió normalmente sin hechos violentos que la afectaran o irregularidades graves que la desvirtuaran. La única circunstancia que fue detectada por los observadores, es la de que la ausencia de los miembros de las Mesas de Sufragio no permitió en 838 Mesas observadas que se completara el número de integrantes de las mismas.

c) *La presencia de Personeros*

Se observó una ausencia notoria e importante de Personeros en las Mesas de Sufragio a lo largo de toda la jornada electoral. Con algunas excepciones en la ciudad de Lima y en otras pocas capitales del departamento, hubo una falta grande de Personeros de uno y otro bando, registrándose sin embargo una ausencia menor de los Personeros favorables al SÍ.

d) *El cierre de la votación*

La votación se cerró una hora después de la originalmente fijada por la Ley, por extensión que decretara el JNE. El Grupo de Observadores se ubicó en 27 Mesas de Sufragio para presenciar el escrutinio, a razón de un observador por cada Mesa, y con el objetivo de recoger en cada una de estas los resultados electorales de las Mesas que correspondieron a la muestra primaria.

El escrutinio

a) *En las Mesas de Sufragio*

El escrutinio en las Mesas de Sufragio se realizó de manera rápida y no tardó: más de 30 minutos, en promedio, en las Mesas observadas por la Misión. Esta rapidez obedeció al hecho de la sencillez del conteo, que no tenía que registrar sino los datos correspondientes al SÍ y al NO, así como a la falta de impugnaciones por ausencia de los Personeros.

Respecto al traslado del material a los JDE se observó cierto atraso en la entrega de las actas electorales a los JDE debido a dificultades climatológicas y de logística. Esta situación se normalizó el 3 de noviembre, fecha en la cual todas las actas faltantes fueron recibidas por los diferentes JDE.

b) En los JDE

Según disposición de la Ley, una vez finalizado el escrutinio en las Mesas de Sufragio, las ánforas, los materiales sobrantes y las actas debían ser enviadas a los JDE. Una vez corregida la anomalía antes anotada, los JDE realizaron sus escrutinios sin mayores contratiempos. No se presentaron, con excepción de Lima, Arequipa, Ayacucho y Puno, gran número de impugnaciones que dilataran los escrutinios Departamentales. En estos mismos departamentos se interpusieron apelaciones contra Resoluciones de los respectivos JDE que se elevaron al conocimiento del JNE.

c) En el JNE

El JNE inició sus escrutinios el 8 de noviembre y los terminó el 17 de diciembre de 1993. En ese tiempo examinó los recursos presentados contra las Resoluciones emitidas por los JDE de Lima, Puno, Arequipa y Ayacucho, así como el recurso de nulidad interpuesto contra 66 actas de la votación en el extranjero.

El JNE declaró infundados los distintos recursos, con excepción de los correspondientes a Arequipa, en donde anuló los resultados en una Mesa de Sufragio.

El resultado final del Referéndum fue el siguiente:

SÍ:	3.897.968
NO:	3.548.577
BLANCOS:	216.112
NULOS:	518.590
TOTAL:	8.181.247

d) La muestra estadística

En relación a la metodología utilizada para la muestra es preciso destacar que se decidió, en vista de las dificultades de acceso a ciertas regiones del país y del número de Observadores disponibles para esta misión (27), tomar un universo muestrario restringido. Por tanto, se tomó como universo muestrario una región que fuese accesible a los Observadores. Dichos distritos contenían un número de Mesas de recepción de votos igual a 33.979 de las 61.188 en existencia según el JNE. Esto correspondía al 56% del total de Mesas del país.

Además, se consideró la posibilidad de tomar dos muestras: una primaria, en la que el Observador haría personalmente la observación del escrutinio, y la otra, secundaria, en la que el Observador solamente tomase nota del resultado de la votación. Esta alternativa fue la escogida porque con esa estrategia se tendría una información adicional sobre la eventualidad de fraude, puesto que, antes del procesamiento de los resultados, se haría una prueba estadística a fin de verificar la compatibilidad de los resultados de las dos muestras. Si ambas apuntan en la misma dirección, se juntarían ambas para el análisis.

Por tanto, el resultado del "Quick Count" fue válido como predicción solamente para el área que sirvió como universo muestrario.

Por varias razones, no se pudieron obtener los resultados de siete (7) Mesas. Se consideró la posibilidad de conseguir los resultados de las Mesas más próximas. Como eso no fue posible, no se consideró esa unidad muestraria. Deben analizarse las consecuencias de la pérdida de unidades muestrarias, que hayan sido inicialmente previstas para figurar en la muestra. Si la información fuese a ser suministrada por las unidades muestrarias perdidas, fuese esencialmente la misma que la que se encuentra presente en las unidades de que se dispone, no se espera alteración alguna en el resultado final. Por otra parte, si la información fuese diferente, su pérdida puede haber acarreado alguna tendencia, o parcialidad, cuya magnitud es imposible de calcular, ya que la misma depende de no disponibles.

Por lo anteriormente indicado, fue imposible utilizar las probabilidades de selección de las unidades de muestra, a fin de obtener los estimados de la magnitud exacta del error muestrario. Por eso, se decidió considerar una aproximación basada en un modelo de muestras aleatorias simples de conglomerados de tamaños desiguales. En este caso, los conglomerados correspondieron a las Mesas de votación o universo muestrario, de la región de acceso posible. De ésta se tomó un total de 97 Mesas (0,29%), siendo 27 para la muestra primaria y 70 para la secundaria. Adoptamos un intervalo de consonancia de 99,9% como medida de seguridad.

CUADRO 3

NÚMERO DE MESAS POR DEPARTAMENTO EN LA MUESTRA

Depto.	Frecuencia	Frecuencia Porcentaje	Porcentaje Cumulativo	Cumulativo
Arequipa	5	5.2	5	5.2
Callao	8	8.2	13	13.4
Cuzco	1	1.0	14	14.4
Junin	7	7.2	21	21.6
La Libertad	5	5.2	26	26.8
Lambayeque	3	3.1	29	29.9
Lima	62	63.9	91	93.8
Loreto	1	1.0	92	94.8
Piura	1	1.0	93	95.9
Puno	4	4.1	97	100.00

Se utilizó como estimado de la proporción de votos por cada opción (SÍ ó NO), las respectivas proporciones muestrarias. Los estimados de las proporciones de votos en blanco y nulos, así como de las abstenciones, dentro de todos los votos, fueron obtenidas, también, por medio de las respectivas proporciones.

En el cuadro que se reproduce a continuación se brinda un detalle de la distribución de las Mesas, juntándose la muestra primaria y la secundaria.

e) *Análisis de la muestra*

Para la toma de la muestra fue utilizada una lista suministrada por el JNE, que contenía el código o el nombre de cada departamento, provincia y distrito, así como el número de cada Mesa.

Inicialmente, se elaboraron programas de computación para la verificación de la calidad y consistencia de los datos, a pesar de que tal verificación fue siempre realizada antes de recibir el registro con los datos.

Se utilizó el sistema SAS, versión 6.04 en un microcomputador tipo "laptop" Toshiba Satellite T1900. Todos los programas fueron probados en muestras y poblaciones simuladas, para la calibración de los mismos, así como del método estadístico empleado.

Antes del cálculo de los estimados de las proporciones de votos y sus respectivos intervalos de consonancia, fue utilizada una prueba estadística con el objeto de comparar los resultados entre las muestras primarias y secundarias. Se probaron separadamente los resultados del SÍ y del NO, ya que una prueba multivariada, considerando ambas respuestas conjuntamente, pareció una sofisticación innecesaria. Los niveles de significación encontrados fueron, respectivamente, de 0.61 y 0.96, lo que quiere decir que no existió evidencia de diferencia estadística entre las dos muestras.

CUADRO 4

RESULTADOS DEL QUICK COUNT

Identificación	Estimado (%)	Error de la Muestra (%)	Límites de Consonancia Inf %	Sup %
Sí	56.52	3.61	52.91	60.13
No	43.48	3.61	39.87	47.09
Blancos o nulos	03.18	0.83	02.35	04.02
No votaron	27.24	3.76	23.48	31.01

El estimado de porcentajes de votos SÍ o NO entre los votos válidos, definidos como aquéllos dados por el SÍ o por el NO, excluyendo por lo tanto los emitidos en blanco y los nulos, se encuentran en la tabla de abajo. En ella se encuentran también los estimados y respectivos límites de consonancia para los votos en blanco y los nulos así como el porcentaje de los que no votaron.

Análisis de las denuncias

Se recibieron un total de 62 denuncias que especificaban 106 hechos considerados como violatorios de las garantías constitucionales y de las normas legales.

Los hechos denunciados se pueden clasificar así:

a) Garantías individuales

Se registraron 39 casos, o sea, el 36,9% del total de hechos denunciados y consistentes en:

1. Restricciones a la libertad de expresión: 9 casos.
2. Restricciones la libertad de reunión: 7 casos.
3. Persecución política: 14 casos.
4. Detenciones arbitrarias: 9 casos.

b) Irregularidades electorales

Se registraron 32 casos, o sea el 30,8%

c) Proselitismo oficial

Se registraron 19 casos, el 17,2%.

d) Uso de los recursos del Estado

Se registraron 13 casos, el 12,6%.

e) Soborno

Sólo se registraron 2 casos, equivalente al 1,8%.

f) Fraude electoral

Una denuncia estuvo vinculada a este caso, representando el 0,4%.

Conclusiones

El Referéndum se llevó a cabo en forma aceptable y, en general, existieron las garantías suficientes para la libre expresión de la voluntad política de los ciudadanos.

Las denuncias recibidas y constatadas por la Misión de Observación, relativas a las limitaciones de las garantías individuales y electorales, a pesar de la gravedad de algunas de ellas, no alcanzaron a afectar la transparencia de la consulta electoral, ya sea porque pudieron ser corregidas o, porque no tuvieron ni la extensión ni la cantidad suficientes.

Sin embargo, cabe mencionar la necesaria preocupación por la ocurrencia de estas restricciones que no se presentaron en igual número durante los dos procesos electorales que la Organización observara anteriormente en el Perú.

El JNE actuó con mayor celeridad y competencia que en los dos procesos electorales anteriores y atendió con prontitud las observaciones y pedidos del Grupo de Observadores del Secretario General. Sin embargo, no dejaron de presentarse los problemas inherentes a las deficiencias del sistema electoral vigente, que no permiten la corrección de algunas anomalías crónicas que afectan la operación de varias fases del proceso electoral.

El Grupo de Observadores del Secretario General contó siempre con el apoyo de las autoridades gubernamentales, militares y electorales del Perú.

Una vez finalizada la Misión de Observación del Referéndum y con una perspectiva de conjunto es posible realizar una breve evaluación de la experiencia llevada a cabo por la OEA en el Perú.

Entre octubre de 1992 y noviembre de 1993, a OEA realizó tres misiones de asistencia técnica al JNE y de observación electoral en el Perú. En ese lapso, se pudieron identificar gran parte de las fallas estructurales que sufría el sistema electoral, se constataron importantes cambios en la organización de sus fuerzas políticas y una paulatina consolidación institucional.

Al momento de analizar las principales falencias que presenta la organización y administración del sistema electoral y los inconvenientes que enfrenta, deben mencionarse: la existencia de importantes vacíos en las normas que regulan las diferentes etapas del proceso, el carácter ad hoc de sus autoridades, la escasez de personal idóneo y de un presupuesto adecuado para las demandas que enfrentan las instituciones electorales, las dificultades que se derivan de la extensión y complejidad del territorio peruano y de una deficiente estructura de comunicaciones, sumándose a ello, la diversidad étnica y cultural y los disparejos niveles de instrucción que presenta su sociedad.

En atención de todos estos factores, las deficiencias e irregularidades observadas a lo largo de las tres contiendas no difirieron de las que históricamente se presentaron en las consultas electorales en el Perú y pueden ser atribuidas, en su mayoría, a la estructura del sistema electoral y no a la voluntad de sus autoridades y administradores. Por cierto, debe destacarse la tarea de muchos de los funcionarios y empleados de las instituciones electorales, muy especialmente la de aquéllos ubicados en las zonas más aisladas del territorio peruano, que en condiciones muy poco propicias redoblaron esfuerzos con el propósito de cumplir a cabalmente as exigencias del sistema democrático. De igual forma, el conjunto de la sociedad peruana evidenció su voluntad participativa y el respeto por las formas institucionalizadas para la resolución de sus conflictos.

En relación a los cambios en el sistema político y de partidos que experimentó la sociedad peruana, se pudieron observar, tanto la emergencia y consolidación de nuevos liderazgos, como la renovación del favor popular hacia algunas personalidades pertenecientes a las fuerzas políticas tradicionales, en especial, a nivel local. Asimismo, muchos intentos de transformar movimientos sociales o de grupos de interés en partidos políticos fracasaron. También se observó —particularmente en los resultados del Referéndum constitucional— que no existe un movimiento político con hegemonía nacional. Todo esto indicaría, que la presencia de proyectos y expectativas políticas con raigambre regional mantienen vigencia para importantes núcleos de la población y que el objetivo de lograr la descentralización del poder, de las instituciones y de la administración de los asuntos públicos es aún una demanda de primer orden para la sociedad peruana.

En cuanto a la consolidación institucional puede mencionarse que la notable mejoría de los indicadores macroeconómicos que se observó entre 1991 y finales de 1993, la constante reducción del accionar subversivo y terrorista con los consiguientes efectos sobre la seguridad de la población y la existencia de un nuevo marco constitucional fueron factores decisivos para el fortalecimiento de las instituciones políticas y estatales.

En síntesis, las elecciones del CCD abrieron una etapa de recuperación de los canales de expresión democrática de la sociedad peruana que se vieron ampliados y profundizados a lo largo de las elecciones municipales y del Referéndum de la Constitución. Las misiones de asistencia técnica y de observación electoral de la OEA colaboraron en los logros de dichos objetivos en cumplimiento del espíritu y el mandato con las que fueron investidas.

Anexos

Anexo 1

ORGANIZACIÓN DE LOS ESTADOS AMERICANOS

REUNION AD HOC DE MINISTROS
DE RELACIONES EXTERIORES (PERU)
13 de abril de 1992
Washington, D.C.

OEA/Ser.F/V.2
MRE/RES. 1/92
13 abril 1992
Original: español

MRE/RES. 1/92

APOYO AL RESTABLECIMIENTO DEMOCRATICO EN PERU

LOS MINISTROS DE RELACIONES EXTERIORES EN REUNION AD HOC,

VISTOS:

La resolución del Consejo Permanente de fecha 6 de abril del año en curso mediante la cual se convoca a una Reunión ad-hoc de Ministros de Relaciones Exteriores conforme a lo previsto por la resolución AG/RES. 1080 (XXI-O-91), y el Compromiso de Santiago con la democracia y la renovación del Sistema Interamericano;

OIDA:

La exposición del señor Ministro de Relaciones Exteriores del Perú acerca de la grave situación por la que atraviesa su país, y de los sucesos acaecidos;

REAFIRMANDO:

Que uno de los propósitos fundamentales de la Organización de los Estados Americanos es promover y consolidar la democracia representativa dentro del respeto al principio de no intervención;

Que la solidaridad de los Estados Americanos y los altos fines que con ella se persiguen, requieren la organización política de los mismos sobre la base del ejercicio efectivo de la democracia representativa, y

CONSIDERANDO:

Que los graves acontecimientos ocurridos en el Perú afectan seriamente el orden institucional y alteran la vigencia de la democracia representativa en un Estado miembro de la Organización,

RESUELVEN:

1. Deplorar profundamente los sucesos ocurridos en el Perú y expresar su más seria preocupación en tanto ellos afectan gravemente la vigencia de los mecanismos institucionales de la democracia representativa en ese país y en la región.

2. Hacer un llamado para que se restablezca urgentemente el orden institucional democrático en el Perú y se ponga fin a toda acción que afecte la vigencia de los derechos humanos, evitándose la adopción de nuevas medidas que continúen agravando la situación.

3. Urgir a las autoridades del Perú a que hagan efectiva la inmediata liberación de los legisladores y dirigentes políticos y gremiales privados de su libertad en estas lamentables circunstancias, asegurándoles el ejercicio de sus derechos sin restricción alguna.

4. Expresar su honda inquietud por la actual situación de los derechos y libertades en el Perú, demandando a sus autoridades que garanticen el pleno respeto y ejercicio de los derechos de reunión y asociación, libertad de expresión, pensamiento y libertad de prensa.

5. Urgir al Gobierno del Perú a que formalice su invitación a la Comisión Interamericana de Derechos Humanos para que investigue la situación de los derechos humanos en el Perú, sobre lo cual deberá informar al Consejo Permanente.

6. Solicitar al Presidente de la Reunión ad-hoc de Ministros de Relaciones Exteriores que, junto con los Cancilleres que él invite y el Secretario General, se trasladen al Perú y promuevan de inmediato gestiones a fin de que se entable un diálogo entre las autoridades del Perú y las fuerzas políticas representadas en el Poder Legislativo con la participación de otros sectores democráticos, dirigido a establecer las condiciones y el compromiso entre las partes para el restablecimiento del orden institucional democrático, dentro del pleno respeto a la separación de poderes, los derechos humanos y el Estado de Derecho.

7. Invitar a los Estados miembros, a los Estados Observadores Permanentes ante la OEA y a todos los demás Estados, a que continúen examinando la situación en el Perú, y tomando en cuenta el ritmo de restablecimiento del orden institucional democrático en ese país, revalúen sus relaciones con el Perú, así como también la cooperación que mantienen con éste.

8. Mantener abierta la Reunión ad-hoc de Ministros de Relaciones Exteriores para recibir en ella el informe acerca de las gestiones a que se refiere el dispositivo 6 de la presente resolución a más tardar el día 23 de mayo del corriente año, y considerar, en su caso, la adopción de nuevas medidas.

9. Encargar al Secretario General que mantenga informados a los Ministros de Relaciones Exteriores por medio del Consejo Permanente acerca de las gestiones realizadas.

10. Llevar al conocimiento del Secretario General de las Naciones Unidas la presente resolución.

Anexo 2

REUNION AD HOC DE MINISTROS
DE RELACIONES EXTERIORES (PERU)
13 de abril de 1992
Washington, D.C.

OEA/Ser.F/V.2
MRE/RES. 2/92
18 mayo 1992
Original: español

RESTABLECIMIENTO DEMOCRATICO EN PERU

Los Ministros de Relaciones Exteriores en Reunión Ad-Hoc,

VISTAS:

La Resolución del Consejo Permanente de fecha 6 de abril del año en curso mediante la cual se convocó a una Reunión Ad-Hoc de Ministros de Relaciones Exteriores, conforme a lo previsto por la resolución AG/RES. 1080 (XXI-0/91), y la resolución MRE/RES. 1/92 "Apoyo al Restablecimiento Democrático en Perú", adoptada por esta Reunión Ad Hoc de Ministros de Relaciones Exteriores el 13 de abril del año en curso.

OIDOS:

El Informe presentado por la Misión constituida conforme al párrafo dispositivo 6 de la precitada resolución MRE/RES. 1/92 y las exposiciones del señor Presidente de la República del Perú, Ingeniero Alberto Fujimori, del Presidente de la Comisión Interamericana de Derechos Humanos, de un representante de partidos políticos peruanos y de un representante del Parlamento Latinoamericano.

CONSIDERANDO:

Que sólo se puede promover y defender la democracia representativa por los medios que ésta consagra, rechazando cualquier otra vía como contraria a los principios fundamentales establecidos en la Carta de la OEA;

Las actuaciones y recomendaciones de la Misión de la OEA detalladas en su Informe, así como el compromiso contraido por el señor Presidente Fujimori con su pueblo, formulado en la sesión del día de la fecha.

RESUELVE:

1. Reafirmar lo dispuesto en la resolución MRE/RES. 1/92 y tomar conocimiento del compromiso contraido por el señor Presidente de la República del Perú de convocar a la elección, de forma inmediata, de un Congreso Constituyente, a través de un acto electoral rodeado de todas las garantías de libre expresión de la voluntad popular y de manera de restablecer la democracia representativa en su país.

2. Urgir a las autoridades del Perú a hacer efectivo el retorno al sistema democrático representativo en el más breve plazo, dentro del respeto al principio de separación de poderes y al Estado de Derecho, facilitando así el pleno restablecimiento de la asistencia y ayuda internacionales.

3. Recomendar al Secretario General de la OEA, que previa consideración del Consejo Permanente, y a la luz de la evolución de la situación política en el Perú y, en especial, del oportuno cumplimiento del compromiso contraido por el Presidente Fujimori, preste la asistencia que le fuere formalmente requerida, inclusive la observación electoral para el pronto retorno del sistema de gobierno democrático representativo.

4. Solicitar a la Misión continúe sus gestiones de acuerdo con el párrafo 6 de la resolución MRE/RES. 1/92 y, asimismo, preste su asistencia para el mejor cumplimiento de lo resuelto en el dispositivo 3 de esta resolución, y contribuya al progreso efectivo del proceso de restablecimiento democrático.

5. Instar al Gobierno del Perú al pleno respeto a los derechos humanos y sus garantías, y solicitar a la Comisión Interamericana de Derechos Humanos que continúe observando la situación de tales derechos y mantenga informado de la misma al Consejo Permanente.

6. Mantener abierta la Reunión Ad Hoc de Ministros de Relaciones Exteriores y recibir en ella, a través del Consejo Permanente, la información respecto de la evolución de la situación en el Perú y, en particular, acerca del cumplimiento del compromiso de democratización en el marco del diálogo previsto en el párrafo 6 de la resolución MRE/RES. 1/92.

ADHOC-P - 34

Anexo 3

ORGANIZACIÓN DE LOS ESTADOS AMERICANOS
WASHINGTON, D. C.

EL SECRETARIO GENERAL

14 de enero de 1993

Señor Ministro:

Tengo el agrado de dirigirme a Vuestra Excelencia con el objeto de dar respuesta a su comunicación del 30 de diciembre de 1992, por medio de la cual reiteró a nombre del Gobierno del Perú la solicitud de asistencia técnica de la Organización para la adecuación del Registro Electoral y la modernización del Jurado Nacional de Elecciones, con miras a los próximos procesos electorales, y en particular para las Elecciones Municipales del 29 de enero de 1993.

Requirió igualmente Vuestra Excelencia, el apoyo de la Organización para una adecuada observación de los Comicios Municipales.

Me complace expresar a Vuestra Excelencia que he tomado las disposiciones necesarias para atender la solicitud de su ilustrado Gobierno. He dispuesto el envío de una misión técnica encargada de elaborar un diagnóstico de la situación, de apoyar al Jurado Nacional de Elecciones en el proceso de las elecciones municipales del 29 de enero de 1993, y de formular una propuesta de asistencia técnica para la adecuación del Registro Electoral y la modernización del Jurado Nacional de Elecciones, que deberá ser presentada antes del 15 de febrero de 1992.

- Con base en esta propuesta, y previos los acuerdos pertinentes con el Gobierno del Perú, se ejecutará un proyecto a largo plazo que contemple los aspectos relativos a la adecuación del Registro Electoral y a la modernización del Jurado Nacional de Elecciones.

Al Excelentísimo señor
Oscar de la Puente Raygada
Presidente del Consejo de Ministros y
 Ministro de Relaciones Exteriores del Perú
Lima, Perú.

Por otra parte, he dispuesto la integración de una Misión de Observación de los Comicios Municipales que tendrán lugar el 29 de enero del presente año. Para este efecto propongo a Vuestra Excelencia que se hagan extensivas a esta Misión las disposiciones contenidas en el Acuerdo entre el Gobierno de la República del Perú y el Secretario General de la Organización de los Estados Americanos relativo a los privilegios e inmunidades de los observadores del proceso electoral en dicho pais, firmado el 28 de septiembre de 1992, con ocasión de la observación de las elecciones para Representantes al Congreso Constituyente Democrático, celebradas el 22 de noviembre de 1992.

Adjunto a la presente carta la relación de los observadores que integrarán la Misión de Observación.

Me valgo de la oportunidad para reiterar a Vuestra Excelencia las seguridades de mi más alta y dsitinguida consideración.

Joao Clemente Baena Soares

Anexo 4

Representación Permanente del Perú ante la Organización de los Estados Americanos

Nota Nro. 7-5-M/280

Washington D.C., 7 de setiembre de 1993

Señor Secretario General:

Tengo a honra el dirigirme a Vuestra Excelencia para poner en su conocimiento que el domingo 31 de octubre próximo se llevará a cabo en el Perú el referendum constitucional sobre el texto de la nueva Constitución Política aprobada por el Congreso Constituyente Democrático.

Cumpliendo instrucciones de mi Gobierno, me es grato informar a Vuestra Excelencia que el Gobierno del Perú ha decidido invitar a dicho acto electoral a una delegación observadora de la Organización de los Estados Americanos.

Mucho estimaré a Vuestra Excelencia contemplar el apoyo de la Organización para que se lleve a cabo una adecuada observación de la consulta electoral señalada.

Hago propicia la oportunidad para reiterar a Vuestra Excelencia las seguridades de mi más alta y distinguida consideración.

Alejandro León Pazos
Embajador
Representante Permanente

Anexo 5

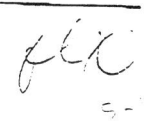

ORGANIZACION DE LOS ESTADOS AMERICANOS
ORGANIZAÇÃO DOS ESTADOS AMERICANOS
ORGANISATION DES ETATS AMERICAINS
ORGANIZATION OF AMERICAN STATES

17th Street and Constitution Avenue, N.W. Washington, D.C. 20006

7 de octubre de 1993

Señor Embajador:

Tengo el agrado de dirigirme a Vuestra Excelencia con el objeto de dar respuesta a su comunicación del 7 de septiembre de 1993, por medio de la cual me hizo llegar la invitación del Gobierno del Perú para que una delegación de la Organización observe el proceso electoral del referéndum que tendrá lugar el 31 de octubre del año en curso.

Me complace expresar a Vuestra Excelencia que, de acuerdo a los términos de la solicitud, he dispuesto la integración de una Misión de Observación de esta consulta electoral. Anexa a esta nota encontrará la lista con los nombres y nacionalidades de las personas que integrarán la Misión.

Para los efectos de la presencia de la Misión en el Perú, propongo a su ilustrado Gobierno hacer extensivas a esta delegación las disposiciones contenidas en el Acuerdo entre el Gobierno de la República del Perú y el Secretario General de la Organización de los Estados Americanos, relativo a los privilegios e inmunidades de los observadores, firmado el 28 de septiembre de 1992 con ocasión de la observación de las elecciones para Representantes al Congreso Constituyente Democrático, celebradas el 22 de noviembre de 1992, y tal como fuera ya acordado para la observación de las Elecciones Municipales del 29 de enero de 1993.

Excelentísimo señor
Alejandro León Pazos
Embajador, Representante Permanente del Perú
  ante la Organización de los Estados Americanos
Washington D.C.

Hago propicia la oportunidad para reiterar a Vuestra Excelencia las seguridades de mi más alta y distinguida consideración.

João Clemente Baena Soares
Secretario General

Anexo 6

EMBASSY OF JAPAN

2520 MASSACHUSETTS AVENUE, N.W.
WASHINGTON, D.C. 20008
(202) 939-6700

OFFICE
OF THE
SECRETARY GENERAL

General Secretariat
Organization of American States
17th and Constitution Ave. N.W.
Washington, D.C. 20006   October 22, 1993

    The Japanese Permanent Observer Mission to the OAS presents its compliments to the Organization, and has the honor to inform the latter that the Japanese Government will be sending an observer to Peru as a member of the OAS electoral observation mission. Please find details listed below:

    Toshio Watanabe
    Assistant Director
    First Latin America and Caribbean Div.
    Latin America and Caribbean Affairs Bureau
    Ministry of Foreign Affairs

    Itinerary:

    October 30, arrive in Lima - Flt. AA2187

    November 11, depart from Lima - flt. AA918

    The Japanese Permanent Observer Mission to the OAS takes this opportunity to renew to the General Secretariat the assurances of its highest consideration.

PRINTED ON RECYCLED PAPER

Anexo 7

Organización de los Estados Americanos

Washington, D. C.

Secretaría General

ACUERDO ENTRE EL GOBIERNO DE LA REPUBLICA DEL PERU
Y EL SECRETARIO GENERAL DE LA ORGANIZACION DE LOS ESTADOS
AMERICANOS RELATIVO A LOS PRIVILEGIOS E INMUNIDADES DE LOS
OBSERVADORES DEL PROCESO ELECTORAL EN DICHO PAIS

ACUERDO ENTRE EL GOBIERNO DE LA REPUBLICA DEL PERU Y EL SECRETARIO GENERAL DE LA ORGANIZACION DE LOS ESTADOS AMERICANOS RELATIVO A LOS PRIVILEGIOS E INMUNIDADES DE LOS OBSERVADORES DEL PROCESO ELECTORAL EN DICHO PAIS

El Gobierno de la República del Perú y el Secretario General de la Organización de los Estados Americanos,

CONSIDERANDO:

Que con fecha 1 de junio de 1992 el Presidente del Consejo de Ministros y Ministro de Relaciones Exteriores, Oscar de la Puente Raygada, se dirigió al Secretario General de la Organización de los Estados Americanos, João Clemente Baena Soares, solicitando la asistencia de ésta para llevar a cabo la elección del Congreso Constituyente Democrático y para la observación del proceso electoral que conducirá a la integración de dicho Congreso.

Que el Gobierno Peruano ha convocado a elección para Representantes al Congreso Constituyente Democrático para el 22 de Noviembre de 1992.

Que el Secretario General de la Organización de los Estados Americanos está tomando las medidas necesarias para establecer el mecanismo que permita configurar el Grupo de Observadores que deberá hacerse presente en los respectivos distritos electorales del territorio de la República del Perú.

Que el Artículo 138 de la carta de la Organización de los Estados Americanos (en adelante denominada la Organización), dispone que "La Organización de los Estados Americanos gozará en el territorio de cada uno de sus Miembros la capacidad jurídica, privilegios e inmunidades que sean necesarios para el ejercicio de sus funciones y la realización de sus propósitos".

ACUERDAN

CAPITULO I

Privilegios e Inmunidades del Grupo de Observadores

Artículo 1

Los privilegios e inmunidades del Grupo de Observadores del Proceso Electoral en el Perú, serán aquellos que se otorgan a la Organización, a los Organos de la Organización y al personal de los mismos.

Artículo 2

Los bienes y haberes del Grupo de Observadores en cualquier lugar del territorio del Perú y en poder de cualquier persona en que se encuentren, gozarán de inmunidad contra todo procedimiento judicial, a excepción de los casos particulares en que se renuncie expresamente a esa inmunidad. Se entiende, sin embargo, que esa renuncia de inmunidad no tendrá el efecto de sujetar dichos bienes y haberes a ninguna medida de ejecución.

Artículo 3

Los locales que ocupen el Grupo de Observadores serán inviolables. Asimismo, sus haberes y bienes, en cualquier lugar del territorio del Perú y en poder de cualquier persona en que se encuentre, gozarán de inmunidad contra allanamiento, requisición, confiscación, expropiación y contra toda otra forma de intervención, ya sea de carácter ejecutivo, administrativo, o judicial o legislativo.

Artículo 4

Los archivos del Grupo de Observadores y todos los documentos que le pertenezcan o que se hallan en su posesión, serán inviolables donde quiera que se encuentren.

Artículo 5

El Grupo de Observadores estará: a) Exento de toda tributación interna entendiéndose, sin embargo, que no podrán reclamar exención alguna pro concepto de tributos que de hecho constituyan una remuneración pro servicio públicos; b) Exento de toda tributación, aduanera, prohibiciones y restricciones respecto a artículos y publicaciones que importen o exporten para su uso oficial. Se entiende, sin embargo, que los artículos que se importen libres de derechos, sólo se venderán en el país conforme a las condiciones que se acuerden con el Gobierno del Perú; c) Exento de ordenanzas fiscales, reglamentos o moratorias de naturaleza alguna. Además, podrá tener divisas corrientes de cualquier clase, llevar sus cuentas en cualquier divisa y transferir sus fondos en divisas.

CAPITULO II

De los Miembros del Grupo de Observadores

Artículo 6

Serán miembros del Grupo de Observadores, (en adelante los Observadores) aquellos que, previa aceptación del Gobierno del Perú, hayan sido debidamente designados y acreditados ante las autoridades peruanas por el Secretario General de la Organización.

Artículo 7

Los Observadores gozarán durante el período en que ejerzan sus funciones y durante sus viajes de ida y regreso al Perú, de los privilegios e inmunidades siguientes:

a) Inmunidad contra detención o arresto personal; e inmunidad contra todo procedimiento judicial respecto a todos sus actos ejecutados y expresiones emitidas, ya sean orales o escritas, en el desempeño de sus funciones;

b) Inviolabilidad de todo papel y documento;

c) El derecho de comunicarse con la Secretaría General de la Organización a través de radio, teléfono, telégrafo, vía satélite u otros medios y recibir documentos y correspondencia por mensajeros o en valijas selladas, gozando al efecto de los mismos privilegios e inmunidades que los concedidos a correos, mensajeros o valijas diplomáticas;

d) El derecho de utilizar para su movilización cualquier medio de transporte tanto aéreo, marítimo como terrestre en todo el territorio nacional;

e) Excepción, respecto de sí mismos y de sus esposas e hijos, de toda restricción de inmigración y registro e extranjeros y de todo servicio de carácter nacional en el Perú.

f) Las mismas franquicias acordadas a los representantes de gobiernos extranjeros en Misión Oficial Temporal por lo que respecta a las restricciones sobre divisas.

g) Las mismas inmunidades y franquicias respecto de sus equipajes personales o acordadas a los enviados diplomáticos y también;

h) Aquellos otros privilegios, inmunidades y facilidades compatibles con lo antes dicho, de los cuales gozan los enviados diplomáticos, con la excepción de que no gozarán de exención de derechos aduaneros sobre mercaderías importadas (que no sean parte de su equipaje personal) o de impuestos de venta y derechos de consumo.

Artículo 8.

La Misión de Observación Electoral OEA podrá establecer y operar en el territorio del Perú un sistema de radiocomunicaciones autónomo destinado a proveer enlace permanente entre los Observadores y los vehículos OEA con las oficinas y sedes regionales, como de éstas con la sede central en Lima, y de ésta con la sede de la Secretaría General en Washington, para cuyo logro el Gobierno prestará toda la colaboración técnica y administrativa que se considere necesario.

Artículo 9.

Las disposiciones contenidas en el artículo 7 no son aplicables a los nacionales acreditados, salvo respecto de los actos oficiales ejecutados o expresiones emitidas en el ejercicio de sus funciones.

CAPITULO III

Cooperación con las Autoridades

Artículo 10.

Los Observadores colaborarán con las autoridades competentes del Perú para evitar que ocurran abusos en relación con los privilegios e inmunidades mencionados. Asimismo, las autoridades competentes del Perú, harán lo posible por facilitar la colaboración que le sea solicitada por los Observadores.

Artículo 11.

Sin perjuicio de las inmunidades y privilegios otorgados, los Observadores respetarán las leyes y reglamentos vigentes en el Perú.

Artículo 12.

El Gobierno del Perú y el Secretario General tomarán las medidas que sean necesarias para procurar un arreglo amistoso en la solución adecuada de:

a) las controversias que se originen en contratos u otras cuestiones de derecho privado;

b) las controversias en que sea parte cualquiera de los Observadores respecto de materias en que gozan inmunidad;

CAPITULO IV

Carácter de los Privilegios e Inmunidades

Artículo 13.

Los privilegios e inmunidades se otorgan a los Observadores para salvaguardar su independencia en el ejercicio de sus funciones de observación del Proceso Electoral peruano y no para beneficio personal, ni para realizar actividades de naturaleza política en territorio peruano.

Por consiguiente, el Secretario General renunciará a los privilegios e inmunidades de cualquiera de éstos en caso de que, según su criterio, el ejercicio de ellos impida el curso de la justicia.

CAPITULO V

Identificación

Artículo 14

El Secretario general proveerá a cada uno de los Observadores, como también al personal local contratado, de un carnet de identidad numerado el cual contendrá el nombre completo, la fecha de nacimiento, el cargo o rango y una fotografía. Asimismo, los Observadores no estarán obligados a entregar dicho carnet sino presentarlo cuando así lo requieran las autoridades del Perú.

CAPITULO VI

Disposiciones Generales

Artículo 15.

El Gobierno del Perú reconoce el "documento oficial de viaje" expedido pro la Secretaría General como documento válido y suficiente para los viajes de los Observadores. Dicho documento requiere visado de cortesía para que los Observadores ingresen en el país y permanezcan en él hasta el término de su Misión Oficial.

Artículo 16.

Este acuerdo podrá ser modificado por mutuo consentimiento del Gobierno del Perú y de la Secretaría General de la Organización.

Artículo 17.

Este acuerdo entrará en vigor en la fecha de su firma y se dará por finalizado una vez que los Observadores concluyan sus labores, de acuerdo con los términos de invitación hecha por el Gobierno del Perú el 1ro del mes de Junio de 1992.

EN FE DE LO CUAL: los infrascritos, debidamente autorizados para hacerlo, firman el presente Acuerdo en dos ejemplares de un mismo tenor, en la ciudad de Washington, D.C., a los 28 días del mes de Septiembre mil novecientos noventa y dos.

POR EL GOBIERNO DEL PERU

Pablo Hugo Portugal Rodríguez
Representante Interino
del Perú ante la Organización
de los Estados Americanos

POR LA SECRETARIA GENERAL
DE LA ORGANIZACION DE LOS
ESTADOS AMERICANOS

João Clemente Baena Soares
Secretario General

Anexo 8

GUIA DE PROCEDIMIENTO PARA LAS RELACIONES ENTRE EL GRUPO DE OBSERVADORES DEL SECRETARIO GENERAL DE LA ORGANIZACION DE LOS ESTADOS Y EL JURADO NACIONAL DE ELECCIONES DEL PERU EN EL MARCO DEL PROCESO ELECTORAL PARA CONGRESO CONSTITUYENTE.

1. El día 1 de junio de 1992, el señor Presidente del Consejo de Ministros y Ministro de Relaciones Exteriores del Perú, solicitó, formalmente, de conformidad con el párrafo resolutivo 3 de la resolución MRE/RES 2/92, la asistencia de la Organización de los Estados Americanos para llevar a cabo la elección de Congreso Constituyente y para la observación de este proceso eleccionario.

2. En la mencionada solicitud, el Presidente del Consejo de Ministros especificó que la asistencia se prestaría al Jurado Nacional de Elecciones, de tal manera que incluya los aspectos de apoyo a su funcionamiento, los sistemas técnicos y de formación que faciliten la realización del proceso electoral, y que ella debería prestarse mediante los mecanismos de los que dispone el Sistema Interamericano.

3. El señor Secretario General anunció el 23 de septiembre de 1992 que la Organización había dado respuesta positiva a la solicitud del Gobierno de Perú.

4 La Ley Electoral determina que el Jurado Nacional de Elecciones tendrá a su cargo la dirección y control del proceso electoral y que a este órgano le corresponde dictar las instrucciones y disposiciones para el mantenimiemto del orden público y la libertad personal en los comicios, las que serán de cumplimiento obligatorio para las Fuerzas Armadas y la Policía Nacional del Perú.

5. Las atribuciones del Grupo de Observadores, que comprende a las personas que prestarán la asistencia técnica, son las que se desprenden de la invitación formulada por el Gobierno de Perú al Secretario General, las que emanan del Acuerdo entre el Gobierno del Perú y el Secretario General, así como las que contempla esta Guía de Procedimientos.

6. La Secretaría General y el Jurado Nacional de Elecciones convienen en que las relaciones del Grupo de Observadores con el Jurado Nacional de Elecciones y sus organismos subordinados, se regirán por las normas constitucionales, legales y reglamentarias vigentes en el Perú y por las siguientes disposiciones especiales.

   a. El Jurado Nacional de Elecciones garantizará el acceso del Grupo de Observadores a las dependencias del Jurado Nacional de Elecciones, al Registro Electoral, a los Jurados Departamentales, a los Centros Departamentales y Nacional de Cómputo y a las Mesas de Sufragio.

   b. El Jurado Nacional de Elecciones, la Dirección del Registro Electoral, así como los organismos subordinados de ambos, suministrarán al Grupo de Observadores del Secretario General la información relativa al ejercicio de sus funciones y en especial a la organización, dirección y supervisión del proceso electoral, y aquella referente a las disposiciones e instrucciones dictadas para el mantenimiento del orden público y la libertad personal en los comicios.

c. El Grupo de Observadores del Secretario General podrá solicitar al Jurado Nacional y a sus organismos subordinados, la información adicional necesaria para el ejercicio de su tarea.

d. El Grupo de Observadores del Secretario General podrá informar al Jurado Central de Elecciones y/o a sus organismos subordinados, acerca de las irregularidades e interferencia que observe o que le fueren comunicadas.

e. El Grupo de Observadores del Secretario General podrá solicitar y obtener información sobre las medidas y acciones del Jurado Nacional de Elecciones relativas al trámite de las denuncias o quejas contra los procedimientos electorales llevadas a su conocimiento por los partidos y agrupaciones políticas y por los observadores internacionales.

f. El Grupo de Observadores tendrá libre acceso al sistema de procesamiento de datos y a los programas y archivos que sustenten el sistema, con el fin de hacer las recomendaciones y sugerencias que fueren necesarias, pudiendo además realizar u verificar las pruebas técnicas pertinentes dentro del local del Jurado Nacional de Elecciones.

g. El Grupo de Observadores prestará asistencia al Jurado Nacional de Elecciones en la capacitación de los miembros de los Jurados Departamentales y de las Mesas de Sufragio.

h. El Secretario General comunicará los nombres de las personas que integrarán el Grupo de Observadores al Jurado Nacional de Elecciones, el que proporcionará las credenciales necesarias para el desempeño de sus funciones.

Anexo 9

MISION DE OBSERVACION ELECTORAL EN PERU

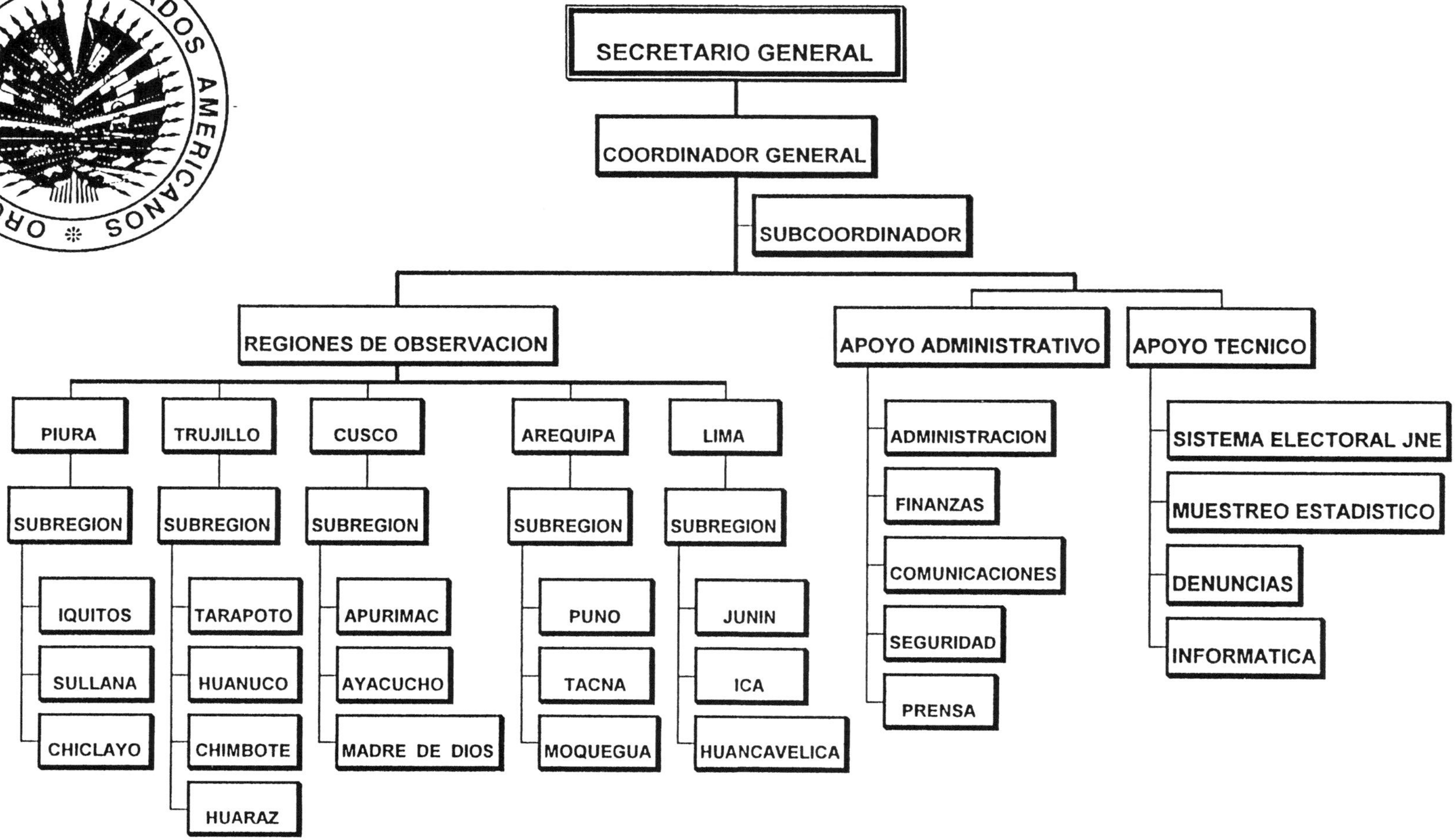

- **SECRETARIO GENERAL**
  - **COORDINADOR GENERAL**
    - **SUBCOORDINADOR**
      - **APOYO TECNICO**
        - SISTEMA ELECTORAL JNE
        - MUESTREO ESTADISTICO
        - DENUNCIAS
        - INFORMATICA
      - **APOYO ADMINISTRATIVO**
        - ADMINISTRACION
        - FINANZAS
        - COMUNICACIONES
        - SEGURIDAD
        - PRENSA
      - **REGIONES DE OBSERVACION**
        - PIURA
          - SUBREGION
            - IQUITOS
            - SULLANA
            - CHICLAYO
        - TRUJILLO
          - SUBREGION
            - TARAPOTO
            - HUANUCO
            - CHIMBOTE
            - HUARAZ
        - CUSCO
          - SUBREGION
            - APURIMAC
            - AYACUCHO
            - MADRE DE DIOS
        - AREQUIPA
          - SUBREGION
            - PUNO
            - TACNA
            - MOQUEGUA
        - LIMA
          - SUBREGION
            - JUNIN
            - ICA
            - HUANCAVELICA

Anexo 10

MISION DE OBSERVACION ELECTORAL DE LA OEA EN PERU
DISTRIBUCION DE OBSERVADORES POR REGION

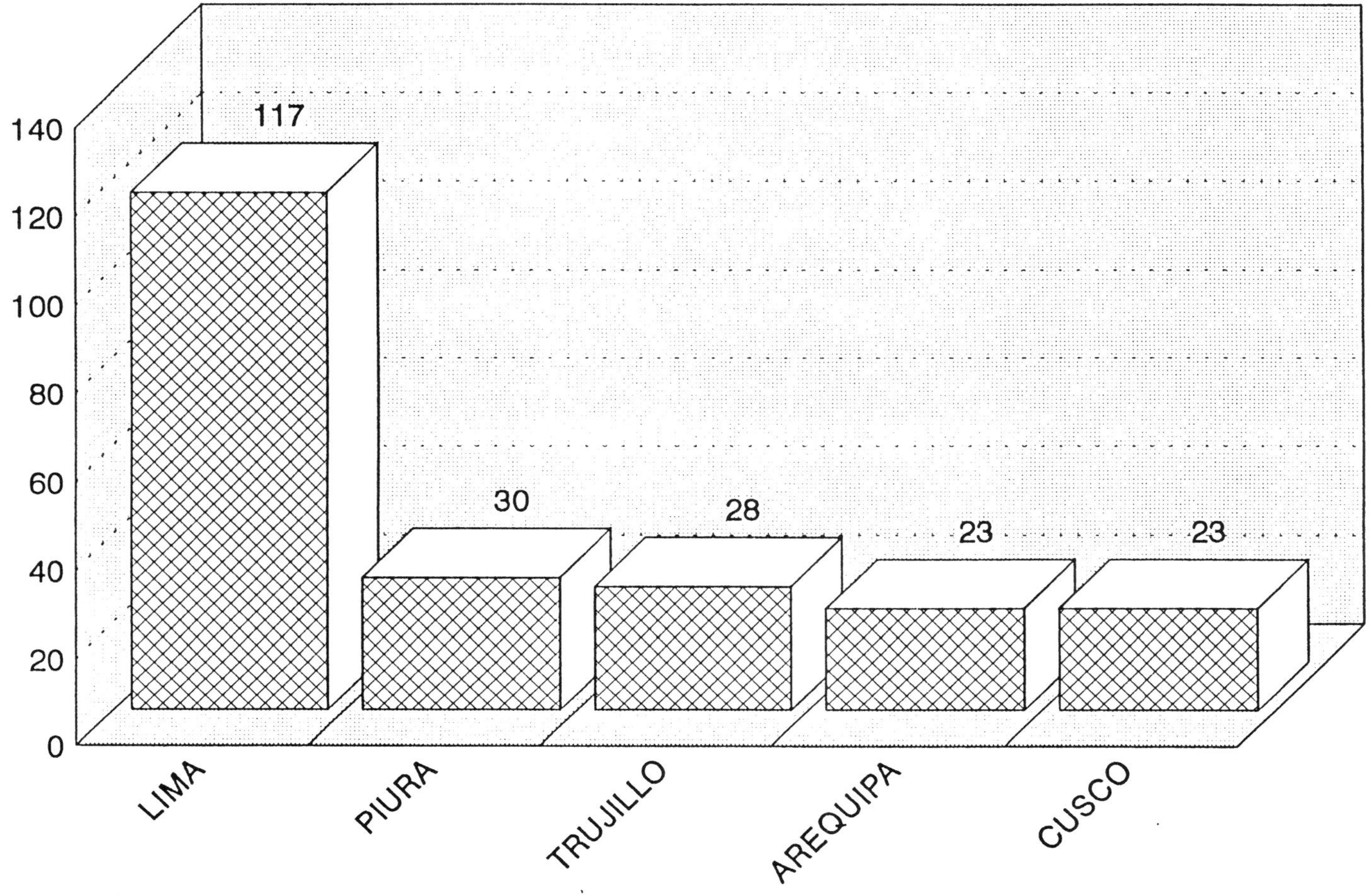

Región	Observadores
LIMA	117
PIURA	30
TRUJILLO	28
AREQUIPA	23
CUSCO	23

Anexo 11

MISION DE OBSERVACION ELECTORAL DE OEA EN PERU
CUADRO ESTADISTICO DE OBSERVADORES POR EDAD

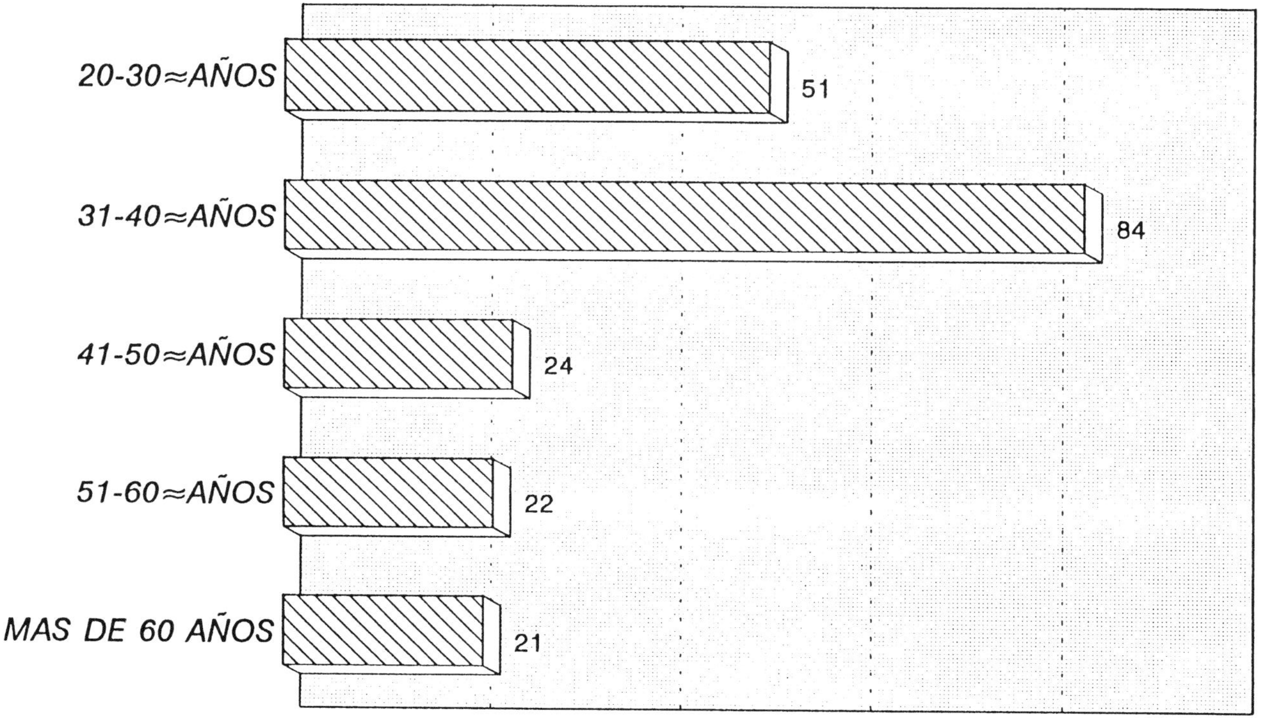

20-30 AÑOS	51
31-40 AÑOS	84
41-50 AÑOS	24
51-60 AÑOS	22
MAS DE 60 AÑOS	21

Anexo 12

MISION DE OBSERVACION ELECTORAL DE OEA EN PERU
CUADRO ESTADISTICO DE OBSERVADORES POR SEXO

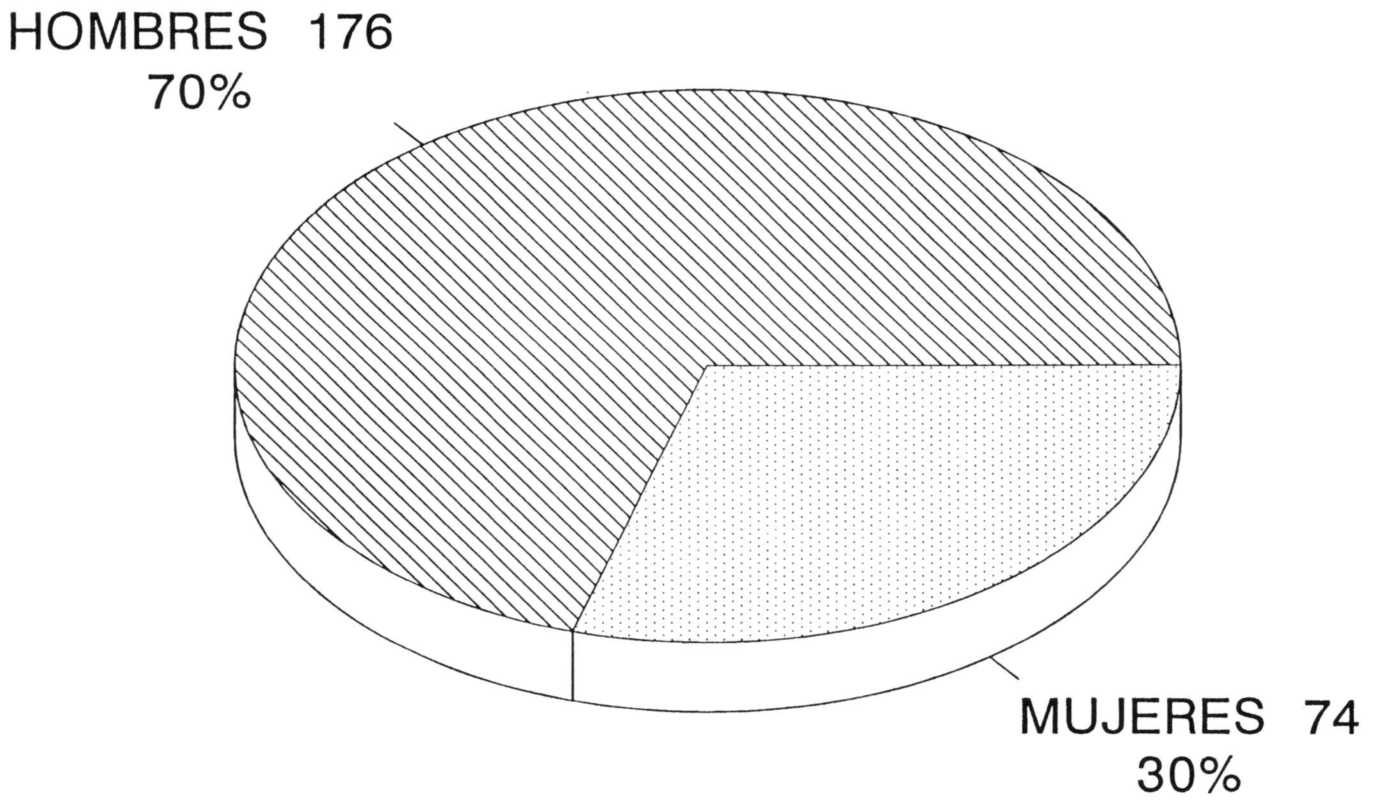

HOMBRES 176
70%

MUJERES 74
30%

Anexo 13

IDENTIDAD Y NACIONALIDAD DEL GRUPO DE OBSERVADORES DE LA ORGANIZACION DE LOS ESTADOS AMERICANOS PARA LAS ELECCIONES MUNICIPALES DEL 29 DE ENERO DE 1993 EN EL PERU.

NOMBRE	NACIONALIDAD
1. González Mario	Colombia
2. Armendariz Edwin	Ecuador
3. Arce Arturo	Bolivia
4. Bedoya Eduardo	Bolivia
5. Bonavita Marcelo	Uruguay
6. Fulford Dwight	Canada
7. Simoes Teresa	Uruguay
8. Palacios Dionisio	Nicaragua
9. Flusberg Yael	USA
10. Granado Manuel	USA
11. Gualteros Gabriel	Colombia
12. Guerrero Carlos	Bolivia
13. Kim Michael	USA
14. Choquette Guy	Canada
15. Mendoza Santiago	Colombia
16. Salinas Máximo	Nicaragua
17. Mir Analisa	España
18. Navarrete Germán	Colombia
19. Cabello Lincoln	Brasil
20. Paz Diego	Colombia
21. Panzardi Roberto	Argentina
22. Pozo Edmundo	Bolivia
23. Miranda Diego	Argentina
24. Rodríguez Orlando	USA
25. Rojas Vladimir	Colombia
26. Salas Juan	Costa Rica
27. Correa Carolina	Chile
28. Bolaños Heriberto	Nicaragua
29. Vargas Ovidio	Costa Rica
30. Villaplana Jorge	Costa Rica
31. Wilkas Maribel	USA
32. Aguila Rómulo	Chile
33. Ordoñez Alejandro	Colombia
34. Ma. Lourdes Vargas	Nicaragua
35. López Juan Gabriel	Colombia
36. Ortega Elpidio	Rep Dom
37. Cabrera Loreto	Chile
38. Rebolledo Olga	Chile
39. Martínez Raúl	Chile
40. Villamizar José	Colombia
41. Ruggiero Susana	Argentina
42. Delgado Rodolfo	Costa Rica
43. Guarin Manuel	Colombia
44. Achard Diego	Uruguay
45. Luis Vargas Arias	Costa Rica
46. Di Carlo Marcelo	Argentina
47. Spitaliere Jorge	Argentina
48. Toso Jaime	USA

49.	McBride Abel	USA
50.	Corujo Carlos	Uruguay
51.	Saenz Julio	Costa Rica
52.	Ashemberg Guillermo	Uruguay
53.	Rinaldi Oswaldo	Argentina
54.	Buscaglia Luis	Argentina
55.	González Juan Manuel	Argentina
56.	Granucci Hugo	Uruguay
57.	Haran Brian	USA
58.	Jimenez Victor	Rep Domincana
59.	Jones Erwin	Chile
60.	Lobos Judith	Chile
61.	Canizales Ricardo	El Salvador
62.	Manzi Miguel	Uruguay
63.	Trujillo Magdalena	Uruguay
64	Olivero Julio	Uruguay
65.	Ormeño Eugenio	Chile
66.	Castagnino Juan	Argentina
67.	Sanchez Jairo	Canada
68.	Soares Arthur	Brasil
69.	Soares Fabricio	Brasil
70.	Bellis Jorge	Argentina

Anexo 14

OEA/OEPE — ORGANIZACION DE LOS ESTADOS AMERICANOS
MISION DE OBSERVACION ELECTORAL

FORMULARIO N° 1: SUFRAGIO: REQUISITOS LEGALES Y PROCESO

A. DATOS INFORMATIVOS

DEPARTAMENTO: ☐☐☐☐   MESA No. ☐☐☐☐☐☐
PROVINCIA: ☐☐☐☐   HORA DE   Horas   Minutos
DISTRITO: ☐☐☐☐   PRESENTACION: ☐☐ H ☐☐
(De los observadores OEA/OEPE)

OBSERVADORES OEA/OEPE: _____   PRESENTES EN INSTALACION: SI ☐ NO ☐

B. REQUISITOS LEGALES PARA INSTALACION DE LA MESA

HORA DE INSTALACION (Del Acta electoral)   Horas Minutos ☐☐ H ☐☐

MIEMBROS DE MESA: ☐ COMPLETOS   ☐ INCOMPLETOS

SI INCOMPLETOS CUAL DE ELLOS FALTO:
PRESIDENTE: ☐ SI   TERCER MIEMBRO: ☐ SI
SECRETARIO: ☐ SI   SUPLENTES: ☐ SI

PERSONEROS PRESENTES EN LA MESA:

☐ 1. PPC	☐ 7. SODE	☐ 13. FREDERPOL
☐ 2. FREPAP	☐ 8. MIN	☐ 14. COORDINADORA DEI
☐ 3. MDI	☐ 9. MOV INDEP PAZ DESARR	☐ 15. ASI
☐ 4. PSP	☐ 10. FIM	☐ 16. MIA
☐ 5. CONVERGENCIA NACIONAL	☐ 11. MOV INDEP NUEVO PERU	☐ 17. RENOVACION
☐ 6. FRENATRACA	☐ 12. FREMPOL	☐ 18. NUEVA MAY. CAMBIO

VERIFICACION DE MATERIALES ENVIADOS:

CEDULAS DE SUFRAGIO   ☐ SI   ☐ NO   ☐ INCOMPLETAS

PADRONES COMPLETOS: ☐ SI   ☐ NO   SI SON INCOMPLETOS CUANTOS FALTAN: ☐

CARTELES: ☐ SI ☐ NO   ANFORAS: ☐ SI ☐ NO   SELLOS DE SEGURIDAD: ☐ SI ☐ NO

TINTA: ☐ SI ☐ NO   ACTAS ELECTORALES: ☐ SI ☐ NO ☐ INCOMPLETAS

LAS ACTAS ELECTORALES SON TRES EJEMPLARES COMPUESTO CADA UNO DE TRES SECCIONES Y CUADROS ADICIONA

C. OBSERVACION DEL PROCESO

SE FIRMO EL ACTA DE INSTALACION: ☐ SI ☐ NO   CAMARA SECRETA ☐ SI ☐ NO

SE FIRMARON LAS CEDULAS DE SUFRAGIO: ☐ SI   ☐ NO

EN IMPUGNACIONES VERIFIQUE EL ACTA Y DESCRIBALAS BREVEMENTE
_____
_____
_____

D. OBSERVACION DEL PROCESO DE VOTACION:

NUMERO DE VOTANTES OBSERVADOS [   ]   PROMEDIO DE TIEMPO DEL VOTANTE (min) [   ]

HUBO OMITIDOS EN LA LISTA DE ELECTORES   [ ] SI [ ] NO [   ] CANTID

EN CASO DE OMISION VERIFIQUE LIBRETA ELECTORAL Y ANOTE EL NUMERO Y NOMBRE
(1) _____
_____

DIFERENCIA ENTRE LA LISTA DE ELECTORES CON LIBRETA ELECTORAL [ ] SI [ ] NO [   ] CANTIDAD

INCIDENTES: [ ] SI [ ] NO [   ] CANTIDAD

BREVE DETALLE DE INCIDENTES:
_____
_____

TIEMPO PROMEDIO POR VOTO, UN MINUTO:	SI	NO
SE FIRMAN LAS LISTAS DE ELECTORES:	SI	NO
SE RESPETA EL VOTO SECRETO:	SI	NO
SE DEPOSITA LA CEDULA EN EL ANFORA:	SI	NO
SE ENTINTA EL DEDO DEL VOTANTE:	SI	NO
EXISTIO IMPUGNACION POR IDENTIDAD	SI	NO
ESTUVIERON PRESENTES TODO EL TIEMPO TODOS LOS MIEMBROS DE LA MESA:	SI	NO
PROSELITISMO DEL PERSONERO U OTROS:	SI	NO
SE EJERCE PRESION SOBRE EL VOTANTE:	SI	NO
FUERZAS DE SEGURIDAD PRESENTES:	SI	NO
COMPORTAMIENTO INDEBIDO DE FUERZAS DE SEGURIDAD	SI	NO
HUBO INTERRUPCION DEL ACTO DEL SUFRAGIO:	SI	NO
TIEMPO DE INTERRUPCION: (Horas, Minutos)	[ ]H[ ]	
SE CLAUSURO EL SUFRAGIO:	SI	NO
FINALIZO LA VOTACION A LA HORA INDICADA, (a las 16 Horas):	SI	NO
EL PRESIDENTE DE LA MESA ANOTO LOS QUE NO VOTARON	SI	NO
FIRMO EL PRESIDENTE LA LISTA DE ELECTORES, TERMINADA LA VOTACION	SI	NO
SE CUMPLIERON CON LOS REQUISITOS EN EL ACTA DE SUFRAGIO (Arts. 91 y 92)	SI	NO

* OBSERVACIONES:
_____
_____

(1) CUALQUIER INFORMACION ADICIONAL CONSIGNARLA EN UNA HOJA ADJUNTA A ESTE DOCUMENTO

Anexo 15

OEA / OEPE **ORGANIZACION DE LOS ESTADOS AMERICANOS**
MISION DE OBSERVACION ELECTORAL

FORMULARIO N° 1-A : SINTESIS DEL SUFRAGIO

ESTE FORMULARIO ES ESTRICTAMENTE RESERVADO Y UNICAMENTE PARA EL COORDINADOR GENERAL OEA OEPE

DEPARTAMENTO: ☐☐
PROVINCIA: ☐☐
DISTRITO: ☐☐

☐☐☐☐ No. DE MESAS ANALIZADAS

LAS ELECCIONES SE EFECTUARON:
☐ Normalmente
☐ Con algunas irregularidades
☐ Con muchas irregularidades

CALCULE EL LA PROYECCION ESTIMADA (%) POR TIPO DE IRREGULARIDADES DETECTADAS EN CADA DISTRITO A SU CAR
A PARTIR DE UN ANALISIS DEL TOTAL RECOLECTADO EN EL FORMULARIO 1 "SUFRAGIO", LLENE Y REMITA ESTE FOR
LARIO POR FAX A LIMA INMEDIATAMENTE Y TANTAS VECES COMO SEA NECESARIO

IRREGULARIDADES	NUMERO DE CASOS	PROYECCI(% ESTIMAD
HUBO DEMORA EN LA INSTALACION		
NO ESTUVIERON LAS MESAS COMPLETAS TODO EL TIEMPO		
ESTUVO EL MATERIAL INCOMPLETO		
HUBO ELECTORES QUE NO FIGURABAN EN EL PADRON		
DISPARIDAD ENTRE PADRON Y LIBRETA ELECTORAL		
CEDULAS DE SUFRAGIO NO FIRMADAS POR EL PRESIDENTE DE MESA		
NO SE ENTINTARON LOS DEDOS		
SE EJERCIO PRESION SOBRE EL VOTANTE		
EXISTIO PROSELITISMO		
HUBO AUSENCIA DE FUERZAS DE SEGURIDAD		
INDEBIDO COMPORTAMIENTO DE FUERZAS DE SEGURIDAD		
HUBO INTERRUPCION DEL SUFRAGIO		
HUBO SUSPENSION DEL SUFRAGIO		
NO SE FIRMARON LAS ACTAS		
NO SE RESPETO EL VOTO SECRETO		
SE LLEVARON A CABO IMPUGNACIONES		

OPINION DEL COORDINADOR DEPARTAMENTAL

EXISTIO EN EL DEPARTAMENTO: FRAUDE: ☐ NO   ☐ SI

INTENTO DE FRAUDE: ☐ NO   ☐ SI

EN CASO AFIRMATIVO, EL FRAUDE O INTENTO DE FRAUDE FUE:

OBSERVADO POR OEA OEPE ☐
POR TERCERAS PERSONAS: ☐
POR PARTIDOS POLITICOS: ☐

Anexos 16 y 17

OEA / OEPE ORGANIZACION DE ESTADOS AMERICANOS
MISION DE OBSERVACION ELECTORAL

FORMULARIO 2: ESCRUTINIO

CODIGO DEPARTAMENTO [ ] [ ]   CODIGO PROVINCIA [ ] [ ]   CODIGO DISTRITO [ ] [ ]

MESA Nº [ ] [ ] [ ] [ ] [ ]   HORA DE CIERRE: [ ] H [ ]   Horas   Minutos

OBSERVADORES OEA OEPE: _____   PRESENTES EN ESCRUTINIO: SI [ ] / NO [ ]

CIERRE NORMAL DE LA MESA: SI [ ]   CON INCIDENTES [ ]   (EN ESTE CASO DETALLE INCIDENTES)

CONFORMACION DE LA MESA AL MOMENTO DE CIERRE DE LA VOTACION:

MIEMBROS DE LA MESA:
- [ ] PRESIDENTE
- [ ] SECRETARIO
- [ ] TERCER MIEMBRO
- [ ] SUPLENTES (3)

PERSONEROS PRESENTES:

- [ ] 1. PPC
- [ ] 2. FREPAP
- [ ] 3. MDI
- [ ] 4. PSP
- [ ] 5. CONVERGENCIA NACIONAL
- [ ] 6. FRENATRACA
- [ ] 7. SODE
- [ ] 8. MIN
- [ ] 9. MOV INDEP PAZ DESARR
- [ ] 10. FIM
- [ ] 11. MOV INDEP NUEVO PERU
- [ ] 12. FREMPOL
- [ ] 13. FREDERPOL
- [ ] 14. COORDINADORA DEMOC
- [ ] 15. ASI
- [ ] 16. MIA
- [ ] 17. RENOVACION
- [ ] 18. NUEVA MAY. CAMBIO 90

FASES DE LA OBSERVACION DEL ESCRUTINIO (Arts. 93–109):

A. PROCESO

SE ABRIO EL ANFORA Y SE CONSTATO QUE LAS CEDULAS DE SUFRAGIO ESTEN CORRECTAMENTE FIRMADAS POR EL PRESIDENTE	SI	NO
SE CONSTATO QUE EL NUMERO DE CEDULAS DE SUFRAGIO DEPOSITADAS COINCIDEN CON EL NUMERO DE VOTANTES	SI	NO
CEDULAS DE SUFRAGIO DE MAS	SI	NO
SI FUE DE MAS SE DESTRUYO UN NUMERO DE CEDULAS DE SUFRAGIO SELECCIONADAS AL AZAR IGUAL A LA DIFERENCIA	SI	NO
SI FUE DE MENOS, SE DEJO CONSTANCIA EN EL ACTA Y NO SE ANULO VOTACION:	SI	NO
SE LEYERON LOS VOTOS POR CADA UNO DE LOS MIEMBROS DE LA MESA	SI	NO

B. IMPUGNACIONES

LOS PERSONEROS EXAMINARON EL CONTENIDO DE LAS CEDULAS ELECTORALES SEGUN DECRETO	SI	NO
SE OBSTACULIZO EL ESCRUTINIO	SI	NO
EXISTIERON CEDULAS DE SUFRAFIO IMPUGNADAS	SI	NO
SE RESOLVIERON LAS IMPUGNACIONES	SI	NO
SE DEJO CONSTANCIA EN EL ACTA	SI	NO
EN CASO AFIRMATIVO DETALLE LA PROTESTA DE QUIENES LA IMPUGARON		
SE RESOLVIERON IMPUGNACIONES POR MAYORIA DE VOTOS DE LA MESA	SI	NO

C. RESUMEN					
SE DEJO CONSTANCIA DE IMPUGNACIONES EN EL FORMULARIO RESPECTIVO SEGUN Art. 99				☐ SI	☐ NO
HUBO VOTOS NULOS (Art. 100)	SI	NO	CANTIDAD:		
HUBO VOTOS BLANCOS (Art. 101)	SI	NO	CANTIDAD:		
CEDULAS DE SUFRAGIO IMPUGNADAS	SI	NO	CANTIDAD:		
SE SUMARON LOS VOTOS EMITIDOS POR PARTIDO POLITICO Y PREFERENCIALES				SI	NO
SE ENTREGO COPIA DEL ACTA DE ESCRUTINIO CERTIFICADA A LOS PERSONEROS				SI	NO
SI NO SE LES ENTREGO COPIA DEL ACTA DE ESCRUTINIO CERTIFICADA INDIQUE LA CAUSA					
SE FIJARON CARTELES CON EL RESULTADO DE LA ELECCION EN CADA MESA				SI	NO
SE FIRMO EL ACTA ELECTORAL, SE PREPARO EL ENVIO AL JDE, JNE Y SE ENTREGO A LAS FUERZAS DE SEGURIDAD				SI	NO
SE CONSTATO ENVIO DE ACTA ELECTORAL AL JNE				SI	NO
SE DESTRUYERON LAS CEDULAS ESCRUTADAS Y NO IMPUGNADAS CORRESPONDIENTES A LOS VOTOS EMITIDOS				☐ SI	☐ NO
SE DEPOSITARON EN EL ANFORA LAS CEDULAS NO UTILIZADAS, SELLOS, TAPONES Y FORMULARIOS, FUERON REMITIDOS AL JDE. (Art. 109)				☐ SI	☐ NO

OBSERVACIONES:
_____
_____
_____
_____
_____
_____
_____
_____
_____

OEA/OEPE	ORGANIZACION DE LOS ESTADOS AMERICANOS
	MISION DE OBSERVACION ELECTORAL

FORMULARIO N° 3: CAPTACION DE DATOS DEL ESCRUTINIO

TRANSMISION DE INFORMACION DELTA

MBRE DEL OBSERVADOR OEA/OEPE:

CODIGO DEPARTAMENTO

CODIGO PROVINCIA

CODIGO DISTRITO

MESA DE SUFRAGIO N°

Antes de enviar la información, Favor verifique la consistencia de los datos.

DENOMINACION	CODIGO	VOTOS
PARTIDO POPULAR CRISTIANO (PPC)	BETA	
FRENTE POPULAR AGRICOLA FIA DEL PERU (FREPAP)	ECO	
MOVIMIENTO DEMOCRATICO DE IZQUIERDA (MDI)	FOXTROT	
PARTIDO SOCIALISTA DEL PERU (PSP)	GAMA	
CONVERGENCIA NACIONAL	GOLF	
FRENTE NACIONAL DE TRABAJADORES Y CAMPESINOS (FRENATRACA)	HOTEL	
SOLIDARIDAD Y DEMOCRACIA (SODE)	INDIA	
MOVIMIENTO INDEPENDIENTE NACIONAL (MIN)	JULIET	
MOVIMIENTO INDEPENDIENTE PAZ Y DESARROLLO	KILO	
FRENTE INDEPENDIENTE MORALIZADOR (FIM)	LIMA	
MOVIMIENTO INDEPENDIENTE NUEVO PERU	MIKE	
FRENTE CIVIL MILITAR Y POLICIAL (FREMPOL)	NOVEMBER	
FRENTE EMERGENTE DEMOCRATICO DE RETIRADOS POLICIALES	PAPA	
COORDINADORA DEMOCRATICA	QUEBEC	
MOVIMIENTO ACCION SOCIAL INDEPENDIENTE (ASI)	ROMEO	
MOVIMIENTO INDEPENDIENTE AGRARIO (MIA)	SIERRA	
RENOVACION	TANGO	
NUEVA MAYORIA – CAMBIO 90	UNIFORM	
EN BLANCO	VICTOR	
DECLARADOS NULOS	WHISKY	
TOTAL DE VOTOS EMITIDOS *	EXRAY	
CRITOS	YANKEE	

* El total de votos emitidos debe ser igual a la suma de todos los votos de los partidos más los votos nulos, más los votos blancos, y este valor no debe exceder en ningún caso del total de inscritos.

Anexo 18

ORGANIZACION DE ESTADOS AMERICANOS
OBSERVACION ELECTORAL OEA/OEPE

FORMULARIO No. 4   **PERU**

INFORME DE DENUNCIA

NOMBRE DEL OBSERVADOR: _____

CODIGO DE DENUNCIA
| DEP | PRO | DIST | NUMERO |

A. LOCALIZACION DEL HECHO:
LUGAR: _____ FECHA: [año] [mes] [dia] HORA: ____
DEPARTAMENTO: _____ PROVINCIA: _____
DISTRITO: _____

B. IDENTIFICACION DEL DENUNCIANTE: (escoja uno solo)
- [ ] 01. PERSONAS   APELLIDOS Y NOMBRES: _____
  DIRECCION: _____

AUTORIDADES
- [ ] 02. ELECTORALES   [ ] 03. CIVILES   [ ] 04. SEGURIDAD
- [ ] 05. RELIGIOSAS   [ ] 06. PARTIDOS POLITICOS   SIGLAS: _____

C. IDENTIFICACION DEL DENUNCIADO: (escoja uno solo)
- [ ] 01. PERSONAS   APELLIDOS Y NOMBRES: _____
  DIRECCION: _____

AUTORIDADES
- [ ] 02. ELECTORALES   [ ] 03. CIVILES   [ ] 04. SEGURIDAD
- [ ] 05. RELIGIOSAS   [ ] 06. PARTIDOS POLITICOS   SIGLAS: _____

D. CONOCIMIENTO DEL HECHO:
- [ ] 01. POR OBSERVACION DIRECTA OEA/OEPE
- [ ] 02. POR TESTIMONIO VERBAL OEPE
- [ ] 03. POR RADIO, PRENSA
- [ ] 04. POR CARTA A OEA/OEPE
- [ ] 05. CON COPIA DOCUMENTACION
- [ ] 06. POR TELEVISION

E. BREVE DESCRIPCION DEL HECHO:
_____
_____
_____

F. CALIFICACION DEL HECHO (escoja uno solo)
AGRESION CONTRA:
- [ ] 01 PARTIDOS POLITICOS   [ ] 02. PERSONAS   [ ] 03. BIENES

ACCION ARBITRARIA ILEGAL U OMISION DE AUTORIDADES O PARTIDOS:
- [ ] 04. ELECTORALES   [ ] 05. SEGURIDAD   [ ] 06. PARTIDOS POLITICOS
- [ ] 07. CIVILES   [ ] 08. RELIGIOSAS

G. PROCEDIMIENTO / ACCION INMEDIATA
ACCION OEA/OEPE ANTE AUTORIDADES:
- [ ] 01 ELECTORALES   [ ] 02 SEGURIDAD   [ ] 03 CIVILES
- [ ] 04 RELIGIOSAS   [ ] 05 PARTIDOS POLITICOS

h. ACCIONES DE SEGUIMIENTO: CARTA: [ ]   ENTREVISTA: [ ]   TELEFONO: [ ]   NINGUNA: [ ]
RESUELTO: [ ]

NOTA: CUALQUIER OBSERVACION ADICIONAL CONSIGNARLA AL REVERSO

Anexo 19

OEA/OEPE	ORGANIZACION DE LOS ESTADOS AMERICANOS
	MISION DE OBSERVACION ELECTORAL

FORMULARIO No. 5: ESCRUTINIO EN LA JUNTA DEPARTAMENTAL

DEPARTAMENTO ☐☐
REGION DE COORDINACION: _____
LUGAR: _____

HORA Horas ☐ H Minutos ☐
FECHA Año ☐ Mes ☐ Día ☐

OBSERVADOR OEA/OEPE: _____

PRESENTES EN ESCRUTINIO: ☐ SI ☐ NO

A.- ACTOS PREVIOS

1. Se comprobó número de mesas de sufragio ☐ SI ☐ NO
2. Se comprobó llegada de ánforas y sobres ☐ SI ☐ NO
3. Faltaron ánforas y/o sobres ☐ NO ☐ SI ☐ CANTIDAD
4. Se comprobó el estado de ánforas y sobres ☐ SI ☐ NO
5. Se separaron las actas electorales de mesas impugnadas ☐ SI ☐ NO
6. Hubo denuncias ante autoridades por delitos ☐ SI ☐ NO
7. El cómputo se realiza con las actas entregadas por:
   ☐ Jurado Departamental
   ☐ Miembro Fuerzas Armadas
   ☐ Candidatos o personeros

B. RESOLUCION DE APELACIONES

☐ Si ☐ No

C. COMPUTO DEL ESCRUTINIO

PARTIDO	No. VOTOS
1. PPC	
2. FREPAP	
3. MDI	
4. PSP	
5. CONVERGENCIA NACIONAL	
6. FRENATRACA	
7. SODE	
8. MIN	
9. MOV. INDEPEN. PAZ DESARROLLO	
10. FIM	
11. MOV. INDEPEN. NUEVO PERU	
12. FREMPOL	
13. FREDERPOL	
14. COORDIN. DEMOCRATICA	
15. ASI	
16. MIA	
17. RENOVACION	
18. NUEVA MAY. CAMBIO 90	
VOTOS VALIDOS	
VOTOS NULOS	
VOTOS EN BLANCO	
TOTAL EMITIDOS	

Anexo 20

ORGANIZACION DE LOS ESTADOS AMERICANOS
MISION DE OBSERVACION ELECTORAL EN EL PERU

GUIA DE PROCEDIMIENTO ELECTORAL

I - MATERIALES

El observador deberá tener el siguiente material el dia de las elecciones:

- **Manual para el Observador.**
- 1 **Manual de Formularios.**
- 30 formularios **1:SUFRAGIO.**
- 4 formularios **1A:SINTESIS DEL SUFRAGIO.**
- 2 formularios **2:ESCRUTINIO.**
- 4 formularios **3:CAPTACION DE DATOS DEL ESCRUTINIO (DELTA).**
- 5 formularios **4:INFORME DE DENUNCIA.**
- 1 formulario **5:ESCRUTINIO.**
- Lápiz.
- Borrador.
- Tablero para escribir (prensar y apoyar).
- Linterna.
- *Handy* con doble batería.
- Hojas en blanco.

II - ESTRATEGIA DE LA OBSERVACION

El domingo 22 de noviembre, los observadores se desplazarán a la zona donde estén designados para observar la instalación de las mesas de sufragio.

Se observará la instalación de una mesa de sufragio y se constatará la instalación de por lo menos tres mesas más, debiendo elaborar un primer informe para transmitir los datos a su base a las 8:30 am.

En el transcurso del día se observarán un número mínimo de 20 mesas, haciendo un intervalo a las 12:00 pm. De 12:00 a 1:00 se elaborará un segundo resumen cuyos datos deberán ser transmitidos a su base. A la 1:00 pm se reiniciará sus labores hasta las 4:00 pm, o a la hora del cierre oficial. Al finalizar las elecciones el observador llenará el **FORMULARIO 1A:SINTESIS DE SUFRAGIO**, que le entregará al coordinador a su regreso a la base.

Se efectuará la observación del escrutinio en las mesas indicadas por el muestreo estadístico, obteniendo la muestra primaria o sea la mesa donde se observó el escrutinio y posteriormente se debe tomar el escrutinio de la mesa secundaria, la Síntesis General de la Observación que será entregado al coordinador al regreso a la base.

III - PROCEDIMIENTOS PREVIOS AL DIA DE LA ELECCION

Sábado 21/11/92 ó antes de ser necesario.

- El Coordinador Regional o Subcoordinador de Zona entregará a los observadores el material que utilizará en su funciones del dia 22/11/92. El material es el que se detalló en el Punto I

- El observador recibirá el número o identificación específica de las mesas que deberá observar en la instalación y en el escrutinio, en caso extremo en que le sea imposible observar las asignadas deberá de comunicarle a su Subcoordinador o Coordinador, quien se comunicará al Centro de Cómputo en Lima, para una posible sustitución de las muestras.

- Se entregará el Instructivo del Observador con las pautas a seguir en la estrategia de observación del domingo 22/11/92.

INSTRUCCIONES GENERALES

1. Si en el transcurso del día, personas o autoridades desean hacer denuncias, el observador debe levantarlas en el **FORMULARIO 4: INFORME DE DENUNCIA**, que será entregado al Sub-coordinador de zona o al Coordinador regional en el momento de regresar a la base.

2. El observador deberá presentarse e identificarse en la mesa que fuere a observar. Deberá ser lo más discreto posible al solicitar los datos que se requieren para llenar los formularios, para no interferir en el proceso de votación.

3. El observador deberá resguardar con sumo esmero, la energía de su equipo de comunicación. Es necesario reservar la suficiente energía para transmitir la <u>Información Delta</u> o datos del escrutinio.

4. El observador deberá llevar copia del acuerdo OEA - Gobierno del Perú llamado "Guia de Procedimiento JNE - OEA" que se les entregó con el material informativo (págs 6 y 7)

Anexo 21

MISION DE OBSERVACION LECTORAL DE OEA EN PERU
DISTRIBUCION DE MESAS ELECTORALES
"QUICK COUNT"

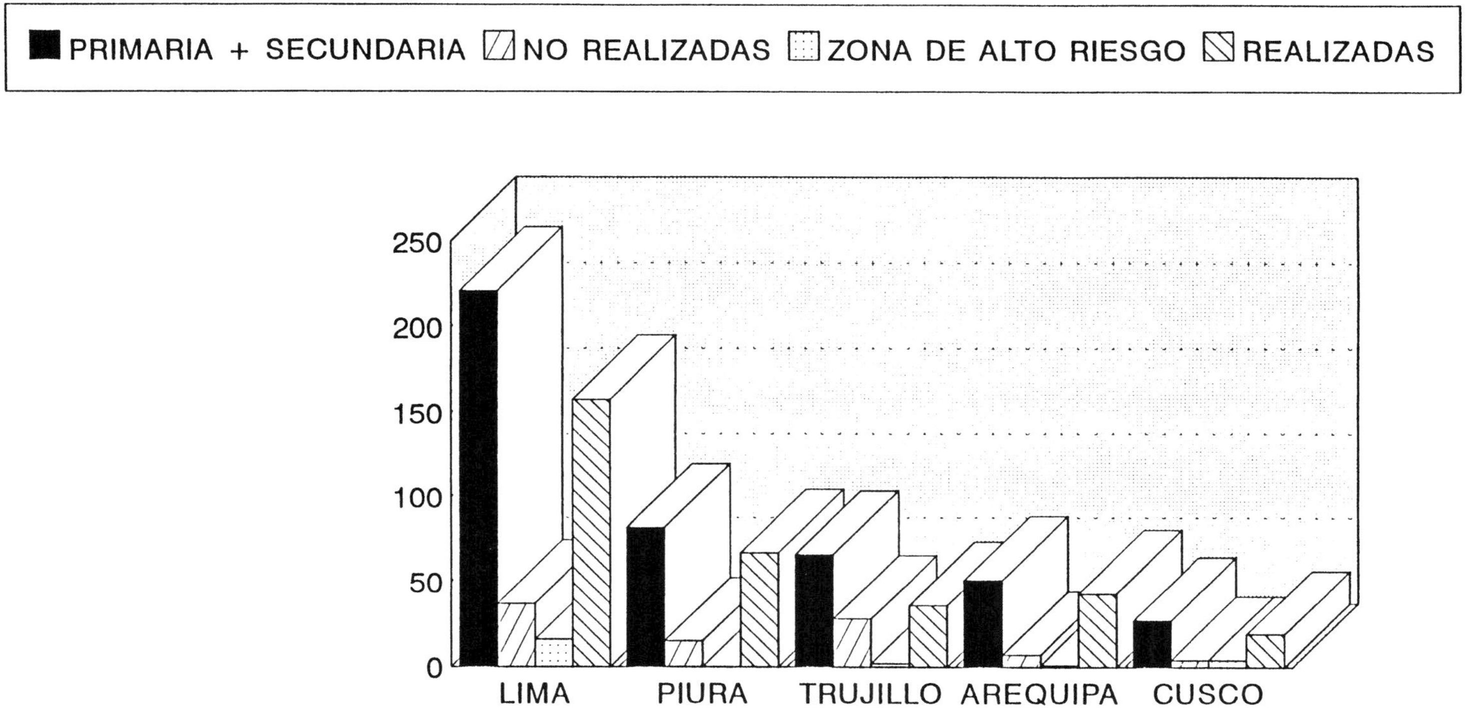

■ PRIMARIA + SECUNDARIA ☐ NO REALIZADAS ▦ ZONA DE ALTO RIESGO ▧ REALIZADAS

	LIMA	PIURA	TRUJILLO	AREQUIPA	CUSCO
PRIMARIA + SECUNDARIA	221	82	66	51	27
NO REALIZADAS	37	15	28	7	4
ZONA DE ALTO RIESGO	16	0	2	1	4
REALIZADAS	158	67	36	43	19

TOTAL DE MUESTRAS OBTENIDAS

Anexo 22

TOTAL DE VOTOS OBTENIDOS A NIVEL NACIONAL

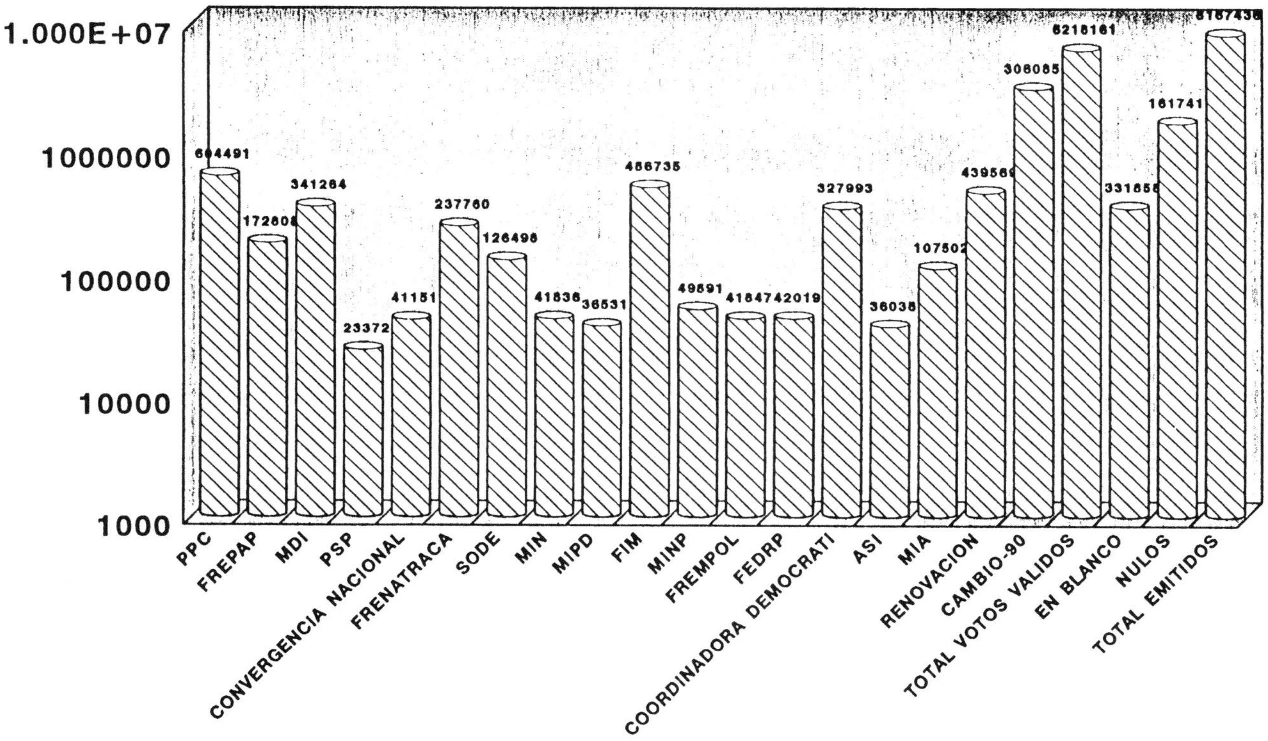

DICIEMBRE 1992

PPC	644491
FREPAP	172806
MDI	341204
PSP	23372
CONVERGENCIA NACIONAL	41151
FRENATRACA	237760
SODE	126498
MIN	41836
MIPP	36531
FIM	466735
MINP	49691
FREMPOL	418474
FEDRP	2019
COORDINADORA DEMOCRATI	327993
ASI	36038
MIA	107502
RENOVACION	439566
CAMBIO-90	6210161
TOTAL VOTOS VALIDOS	308085
EN BLANCO	331855
NULOS	161741
TOTAL EMITIDOS	6187436

Anexo 23

NUMERO DE REPRESENTATES POR LISTA
RESULTADO A NIVEL NACIONAL

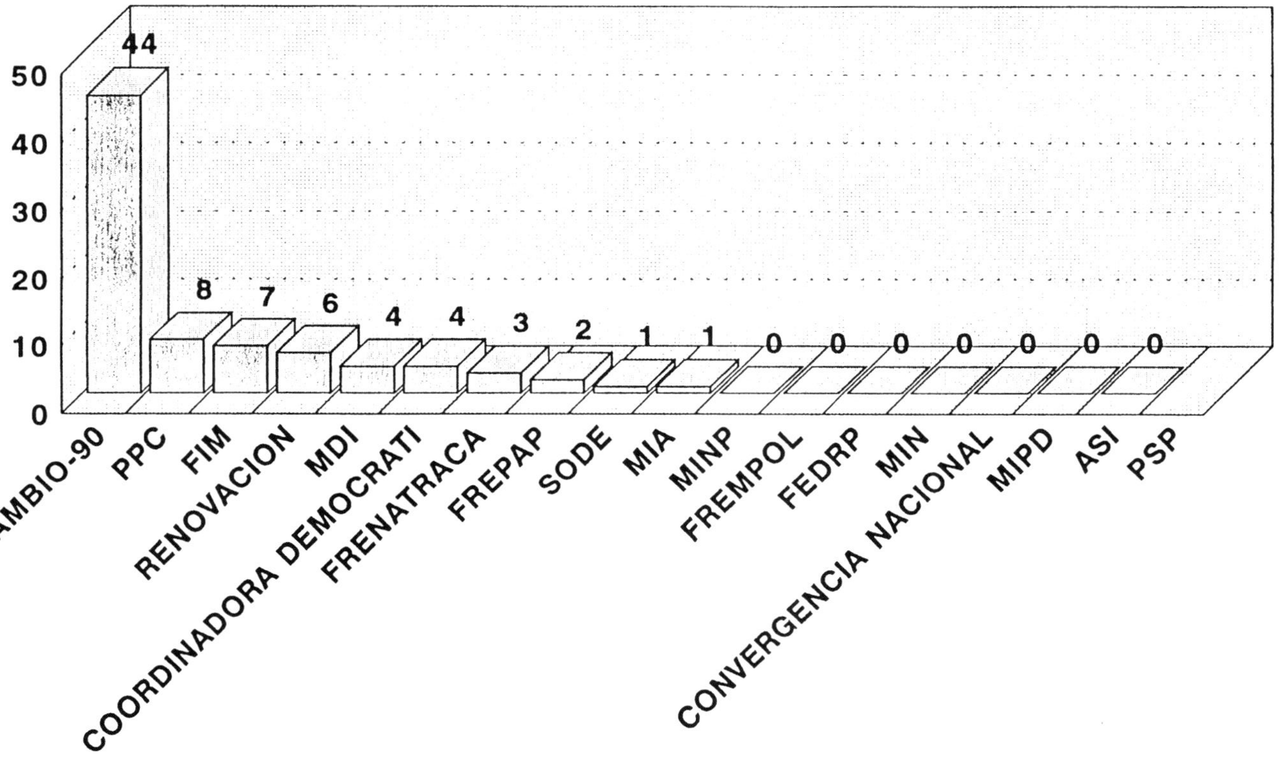

Lista	Representantes
CAMBIO-90 PPC	44
FIM	8
RENOVACION	7
COORDINADORA DEMOCRATICA MDI	6
FRENATRACA	4
FREPAP	4
SODE	3
MIA	2
MINP	1
FREMPOL	1
FEDRP	0
MIN	0
CONVERGENCIA NACIONAL	0
MIPP	0
ASI	0
PSP	0

DICIEMBRE 1992

Anexo 24

CUADRO DE DISTRIBUCION ELECTORAL DEL PERU
A Nivel Nacional, Departamental y Provincial

		Mesas	Electores
TOTAL NACIONAL		59,014	11,207,619

Dpto.	Provincia	Mesas	Electores
Arequipa		2,782	528,125
	Arequipa	2,155	414,609
	Caylloma	111	19,564
	Camana	115	21,305
	Caraveli	72	12,627
	Castilla	94	16,788
	Condesuyos	43	7,506
	Islay	152	29,350
	La Union	40	6,376
Cajamarca		2,506	470,993
	Cajamarca	510	96,693
	Cajabamba	178	33,864
	Celendin	168	30,952
	Contumaza	114	21,322
	Cutervo	227	42,610
	Chota	300	56,442
	Hualgayoc	165	31,743
	Jaén	346	65,174
	Santa Cruz	90	16,577
	San Miguel	133	24,241
	San Ignacio	146	27,570
	San Marcos	89	16,421
	San Pablo	40	7,384
Cuzco		2,570	482,388
	Cuzco	813	154,941
	Acomayo	67	12,407
	Anta	139	24,830
	Calca	149	28,010
	Canas	109	19,549
	Canchis	256	48,929
	Chumbivilcas	147	28,106
	Espinar	143	27,105
	La Convención	319	60,042
	Paruro	61	10,969
	Paucartambo	84	15,006
	Quispicanchis	180	33,593
	Urubamba	103	18,901
Huancavelica		966	177,674
	Huancavelica	298	56,091
	Acobamba	128	22,877
	Angaraes	115	21,656
	Castrovirreyna	62	10,529
	Tayacaja	205	38,221
	Huaytara	69	11,926
	Churcampa	89	16,374

Huanuco	1,498		281,413
Huanuco		517	99,671
Ambo		128	24,027
Dos de Mayo		253	46,788
Huamalies		138	24,722
Marañon		43	7,873
Leoncio Prado		247	47,080
Pachitea		91	17,218
Puerto Inca		45	7,624
Huacaybamba		36	6,410
Ica	1,716		330,052
Ica		733	141,999
Chincha		443	86,149
Nazca		184	34,927
Pisco		305	57,785
Palpa		51	9,192
Junin	2,967		562,601
Huancayo		1,285	245,912
Concepcion		162	30,696
Jauja		344	62,721
Junin		115	21,876
Tarma		330	62,042
Yauli		210	39,320
Satipo		216	41,213
Chanchamayo		305	58,821
La Libertad	3,374		649,137
Trujillo		1,728	337,313
Bolivar		40	6,929
Sanchez Carrion		228	43,869
Otuzco		283	53,856
Pacasmayo		225	42,594
Pataz		150	26,788
Santiago de Chuco		160	30,260
Ascope		353	68,532
Chepen		184	34,953
Julcan		23	4,043
Lambayeque	2,346		451,152
Chiclayo		1,623	313,976
Ferreñafe		213	39,750
Lambayeque		510	97,426
Lima	20,095		3,870,981
Lima		18,015	3,481,767
Cajatambo		27	4,818
Canta		42	7,162
Cañete		425	81,175
Huaura		493	95,081
Huarochiri		194	34,210
Yauyos		92	14,291
Huaral		381	71,745
Barranca		375	71,542
Oyon		51	9,190
Madre de Dios	267		49,241
Tambopata		116	21,853
Manu		10	1,497
Tahuamanu		141	25,891

Moquegua		363	67,833
	Mariscal Nieto	174	32,425
	General Sanchez Cerro	49	8,626
	Ilo	140	26,782
Pasco		599	111,391
	Pasco	358	66,999
	Daniel Carrion	84	15,163
	Oxapampa	157	29,229
Piura		3,062	587,062
	Piura	1,244	240,685
	Ayabaca	215	40,423
	Huancabamba	178	33,491
	Morropon	351	66,736
	Paita	182	33,927
	Sullana	576	111,380
	Talara	316	60,420
Puno		2,607	492,752
	Puno	565	107,609
	Azangaro	309	58,825
	Carabaya	92	16,360
	Chucuito	239	44,871
	Huancane	224	42,053
	Lampa	116	21,327
	Melgar	173	31,640
	Sandia	108	19,939
	San Roman	360	71,130
	Yunguyo	111	20,076
	San Antonio de Putina	58	10,612
	El Collao	169	32,448
	Moho	83	15,862
San Martin		1,194	224,119
	Moyobamba	138	26,254
	Huallaga	51	9,248
	Lamas	178	33,185
	Mariscal Caceres	97	17,631
	Rioja	185	35,494
	San Martin	295	56,232
	Bellavista	63	11,496
	Tocache	121	22,459
	Picota	66	12,120
Tacna		536	99,213
	Tacna	447	84,674
	Tarata	29	4,543
	Jorge Basadre	32	5,413
	Candarave	28	4,583
Callao		1,871	362,617
	Callao	1,871	362,617
Ucayali		637	121,262
	Coronel Portillo	551	105,965
	Padre Abad	39	6,825
	Atalaya	41	7,416
	Purus	6	1,056

Ancash	2,568		474,138
Huaraz		333	61,880
Aija		29	4,826
Bolognesi		91	15,049
Carhuaz		110	20,207
Casma		91	17,154
Corongo		24	3,608
Huaylas		118	21,452
Huari		183	33,693
Mariscal Luzuriaga		41	7,363
Pallasca		69	12,269
Pomabamba		55	10,172
Recuay		66	11,690
Santa		970	184,495
Sihuas		73	13,404
Yungay		114	21,246
Antonio Raymondi		50	8,921
Carlos Fermin Fitzcarral		49	9,091
Asuncion		28	4,997
Huarmey		66	12,441
Ocros		8	180
Amazonas	690		119,853
Chachapoyas		119	20,645
Bagua		144	26,764
Bongara		49	8,378
Luya		117	18,737
Rodriguez de Mendoza		73	10,597
Condorcanqui		40	7,170
Utcumba		148	27,562
Loreto	1,311		245,477
Maynas		825	156,032
Alto Amazonas		198	37,352
Loreto		64	12,116
Requena		88	15,930
Ucayali		90	15,586
Mariscal Castilla		46	8,461
Tumbes	315		58,283
Tumbes		237	44,294
Contralmirante Villar		25	4,676
Zarumilla		53	9,313
Ayacucho	1,323		238,856
Huamanga		450	86,246
Cangallo		90	16,285
Huanta		177	33,243
La Mar		174	32,532
Lucanas		164	27,853
Parinacochas		74	12,404
Victor Fajardo		60	10,341
Huanca Sancos		27	4,643
Vilcas Huaman		61	10,676
Paucar del Sara Sara		34	4,315
Sucre		12	318

Apurimac	851	151,006
Abancay	181	33,215
Aymaraes	86	14,709
Andahuaylas	312	56,962
Antabamba	35	5,882
Cotabambas	48	8,486
Chincheros	112	20,285
Grau	77	11,467

POBLACION ELECTORAL AL 30-09-92
A Nivel Departamental

	Mesas	Electores
Arequipa	2,782	528,125
Cajamarca	2,506	470,993
Cuzco	2,570	482,388
Huancavelica	966	177,674
Huanuco	1,498	281,413
Ica	1,716	330,052
Junin	2,967	562,601
La Libertad	3,374	649,137
Lambayeque	2,346	451,152
Lima	20,095	3,870,981
Madre de Dios	267	49,241
Moquegua	363	67,833
Pasco	599	111,391
Piura	3,062	587,062
Puno	2,607	492,752
San Martin	1,194	224,119
Tacna	536	99,213
Callao	1,871	362,617
Ucayali	637	121,262
Ancash	2,568	474,138
Amazonas	690	119,853
Loreto	1,311	245,477
Tumbes	315	58,283
Ayacucho	1,323	238,856
Apurimac	851	151,006
TOTAL NACIONAL	59,014	11,207,619

Anexo 25

FORM. 3 - JNE

ELECCIONES PARA EL CONGRESO CONSTITUYENTE DEMOCRATICO

D.L. No. 25684

ACTA ELECTORAL

Mesa de Sufragio No. ....Distrito de..

Provincia de ....Departamento de ....

El día 22 de Noviembre de 1992 a horas ...., El Presidente y los Miembros

....
NOMBRE PRESIDENTE Y MIEMBROS

....

instalaron la Mesa.

Se abrió el ánfora remitida por el Jurado Departamental con los documentos y útiles electorales.

Dejamos constancia que las cerraduras de los paquetes y del ánfora se encontraron ....

....

Se recibió ....cédulas de sufragio, acto seguido se inició la votación.

La presente Acta se firma por triplicado.

ACTA DE INSTALACION (D.L. 25684 Art. 65)

_____
PRESIDENTE

_____   _____
MIEMBRO   MIEMBRO

Nombres y Firmas de los Personeros intervinientes:

_____   _____   _____
_____   _____   _____
_____   _____   _____
_____   _____   _____

ACTA DE VOTACION (D.L. 25684 Arts. 90 al 92)

Siendo las dieciséis horas (cuatro de la tarde) el Presidente dió por terminada la votación.

Acto contínuo, se firmó la Lista de Electores utilizada en la Mesa, anotando el Presidente la frase "**NO VOTÓ**" al lado de los nombres de los electores que no concurrieron a sufragar.

Sufragaron (.........................) (....) ciudadanos.
                       NUMERO   LETRAS

Quedaron sin utilizar .... cédulas de sufragio que se separan para devolverse en el sobre (Form. S-6-JNE) al Jurado Departamental de Elecciones.

OBSERVACIONES:

(Se consignará: interrupción y continuación de la votación, hechos ocurridos e impugnaciones).

....

....

....

....

....

....

ACTA QUE SE FIRMA POR TRIPLICADO

———————————————
PRESIDENTE

———————————————   ———————————————
MIEMBRO   MIEMBRO

Nombres y Firmas de los Personeros intervinientes:

———————————   ———————————   ———————————
———————————   ———————————   ———————————
———————————   ———————————   ———————————
———————————   ———————————   ———————————
———————————   ———————————   ———————————

El resultado del escrutinio de los votos emitidos en mesa y los votos preferenciales obtenidos por cada uno de los candidatos se consignan en el documento adjunto.

El escrutinio terminó a las .... horas de la ....

Estuvieron presentes en el acto del escrutinio los siguientes Personeros:

....

....

....

....

....

....

Anexo 26

ELECCIONES PARA EL CONGRESO CONSTITUYENTE DEMOCRATICO
1992

DISTRITO DE : ....

PROVINCIA DE : ....

DEPARTAMENTO DE _____

MESA DE SUFRAGIO Nº ....

ACTA DE ESCRUTINIO

Resultado de la Votación por Agrupaciones Políticas y Votación Preferencial Individual obtenida por los candidatos de las listas para el C.C.D. que se anotará en el Cuadro Anexo.

INSTRUCCIONES

1.- LOS CASILLEROS CORRESPONDIENTES A CANDIDATOS SIN VOTOS PREFERENCIALES DEBEN LLENARSE CON UNA LINEA.

EJEMPLO: | ― |

2.- LA CANTIDAD DE VOTOS DEBE EXPRESARSE CON TRES (3) CIFRAS, EJEMPLO:

Para escribir 6 votos Preferenciales : | 006 |

Para escribir 24 votos Preferenciales : | 024 |

Para escribir 126 votos Preferenciales : | 126 |

JURADO NACIONAL DE ELECCIONES

FORMA – 3 – JNE

ACTA DE ESCRUTINIO (D.L. 25684 Arts. 93 al 109)

Siendo las .... horas de la tarde, se procedió a efectuar el escrutinio de los votos emitidos en la Mesa, el que se realizó en un solo acto público e ininterrumpido y arrojó el resultado que a continuación se indica.

PARTIDOS POLITICOS		Código	Votos
PARTIDO POPULAR CRISTIANO	(PPC)	01	
FRENTE POPULAR AGRICOLA FIA DEL PERU (FREPAP)		02	
MOVIMIENTO DEMOCRATICO DE IZQUIERDA	(MDI)	03	
PARTIDO SOCIALISTA DEL PERU	(PSP)	04	
CONVERGENCIA NACIONAL		05	
FRENTE NACIONAL DE TRABAJADORES Y CAMPESINOS (FRENATRACA)		06	
SOLIDARIDAD Y DEMOCRACIA	(SODE)	07	
AGRUPACIONES INDEPENDIENTES			
MOVIMIENTO INDEPENDIENTE NACIONAL	(MIN)	08	
MOVIMIENTO INDEPENDIENTE PAZ Y DESARROLLO		09	
FRENTE INDEPENDIENTE MORALIZADOR	(FIM)	10	
MOVIMIENTO INDEPENDIENTE NUEVO PERU		11	
FRENTE CIVIL MILITAR POLICIAL	(FREMPOL)	12	
FRENTE EMERGENTE DEMOCRATICO DE RETIRADOS POLICIALES		13	
COORDINADORA DEMOCRATICA		14	
MOVIMIENTO ACCION SOCIAL INDEPENDIENTE	(ASI)	15	
MOVIMIENTO INDEPENDIENTE AGRARIO	(MIA)	16	
RENOVACION		17	
ALIANZAS			
"NUEVA MAYORIA - CAMBIO 90"		18	

	Código	Votos
En Blanco	97	
Declarados Nulos	98	
Total de votos emitidos	99	

Los Votos Preferenciales obtenidos por cada uno de los candidatos se consignan a continuación:

Anexo 27

VOTOS PREFERENCIALES INDIVIDUALES DE LOS CONGRESISTAS (Números 01 al 20)

AGRUPACIONES POLITICAS		01	02	03	04	05	06	07	08	09	10	11	12	13	14	15	16	17	18	19
PARTIDO POPULAR CRISTIANO (PPC)	01																			
FRENTE POPULAR AGRICOLA FIA DEL PERU (FREPAP)	02																			
MOVIMIENTO DEMOCRATICO DE IZQUIERDA (MDI)	03																			
PARTIDO SOCIALISTA DEL PERU (PSP)	04																			
CONVERGENCIA NACIONAL	05																			
FRENTE NAC. DE TRABAJAD. Y CAMP. (FRENATRACA)	06																			
SOLIDARIDAD Y DEMOCRACIA (SODE)	07																			
MOVIMIENTO INDEPENDIENTE NACIONAL	08																			
MOVIMIENTO INDEPENDIENTE PAZ Y DESARROLLO	09																			
FRENTE INDEPENDIENTE MORALIZADOR	10																			
MOVIMIENTO INDEPENDIENTE NUEVO PERU	11																			
FRENTE CIVIL MILITAR POLICIAL (FREMPOL)	12																			
FRENTE EMERGENTE DEMOCRATICO DE RETIRADOS POLICIALES	13																			
COORDINADORA DEMOCRATICA	14																			
MOVIMIENTO ACCION SOCIAL INDEPENDIENTE (ASI)	15																			
MOVIMIENTO INDEPENDIENTE AGRARIO (MIA)	16																			
RENOVACION	17																			
NUEVA MAYORIA CAMBIO 90	18																			

NO VALIDAS PARA COMPU

VOTOS PREFERENCIALES INDIVIDUALES DE LOS CONGRESISTAS (Números 61 al 80)

AGRUPACIONES POLITICAS		61	62	63	64	65	66	67	68	69	70	71	72	73	74	75	76	77	78	79	80
PARTIDO POPULAR CRISTIANO (PPC)	01																				
FRENTE POPULAR AGRICOLA FIA DEL PERU (FREPAP)	02																				
MOVIMIENTO DEMOCRATICO DE IZQUIERDA (MDI)	03																				
PARTIDO SOCIALISTA DEL PERU (PSP)	04																				
CONVERGENCIA NACIONAL	05																				
FRENTE NAC. DE TRABAJAD. Y CAMP. (FRENATRACA)	06																				
SOLIDARIDAD Y DEMOCRACIA (SODE)	07																				
MOVIMIENTO INDEPENDIENTE NACIONAL	08																				
MOVIMIENTO INDEPENDIENTE PAZ Y DESARROLLO	09																				
FRENTE INDEPENDIENTE MORALIZADOR	10																				
MOVIMIENTO INDEPENDIENTE NUEVO PERU	11																				
FRENTE CIVIL MILITAR POLICIAL (FREMPOL)	12																				
FRENTE EMERGENTE DEMOCRATICO DE RETIRADOS POLICIALES	13																				
COORDINADORA DEMOCRATICA	14																				
MOVIMIENTO ACCION SOCIAL INDEPENDIENTE (ASI)	15																				
MOVIMIENTO INDEPENDIENTE AGRARIO (MIA)	16																				
RENOVACION	17																				
NUEVA MAYORIA CAMBIO 90	18																				

SOLO PARA PRUEBAS
NO VALIDAS PARA COMPUTO

VOTOS PREFERENCIALES INDIVIDUALES DE LOS CONGRESISTAS (Números 01 al 20)

AGRUPACIONES POLITICAS		01	02	03	04	05	06	07	08	09	10	11	12	13	14	15	16	17	18	19	20
PARTIDO POPULAR CRISTIANO (PPC)	01																				
FRENTE POPULAR AGRICOLA FIA DEL PERU (FREPAP)	02																				
MOVIMIENTO DEMOCRATICO DE IZQUIERDA (MDI)	03																				
PARTIDO SOCIALISTA DEL PERU (PSP)	04																				
CONVERGENCIA NACIONAL	05																				
FRENTE NAC. DE TRABAJAD. Y CAMP. (FRENATRACA)	06																				
SOLIDARIDAD Y DEMOCRACIA (SODE)	07																				
MOVIMIENTO INDEPENDIENTE NACIONAL	08																				
MOVIMIENTO INDEPENDIENTE PAZ Y DESARROLLO	09																				
FRENTE INDEPENDIENTE MORALIZADOR	10																				
MOVIMIENTO INDEPENDIENTE NUEVO PERU	11																				
FRENTE CIVIL MILITAR POLICIAL (FREMPOL)	12																				
FRENTE EMERGENTE DEMOCRATICO DE RETIRADOS POLICIALES	13																				
COORDINADORA DEMOCRATICA	14																				
MOVIMIENTO ACCION SOCIAL INDEPENDIENTE (ASI)	15																				
MOVIMIENTO INDEPENDIENTE AGRARIO (MIA)	16																				
RENOVACION	17																				
NUEVA MAYORIA CAMBIO 90	18																				

NO VALIDAS PARA COMPU

VOTOS PREFERENCIALES INDIVIDUALES DE LOS CONGRESISTAS (Números 61 al 80)

AGRUPACIONES POLITICAS		61	62	63	64	65	66	67	68	69	70	71	72	73	74	75	76	77	78	79	80
PARTIDO POPULAR CRISTIANO (PPC)	01																				
FRENTE POPULAR AGRICOLA FIA DEL PERU (FREPAP)	02																				
MOVIMIENTO DEMOCRATICO DE IZQUIERDA (MDI)	03																				
PARTIDO SOCIALISTA DEL PERU (PSP)	04																				
CONVERGENCIA NACIONAL	05																				
FRENTE NAC. DE TRABAJ. Y CAMP. (FRENATRACA)	06																				
SOLIDARIDAD Y DEMOCRACIA (SODE)	07																				
MOVIMIENTO INDEPENDIENTE NACIONAL	08																				
MOVIMIENTO INDEPENDIENTE PAZ Y DESARROLLO	09																				
FRENTE INDEPENDIENTE MORALIZADOR	10																				
MOVIMIENTO INDEPENDIENTE NUEVO PERU	11																				
FRENTE CIVIL MILITAR POLICIAL (FREMPOL)	12																				
FRENTE EMERGENTE DEMOCRATICO DE RETIRADOS POLICIALES	13																				
COORDINADORA DEMOCRATICA	14																				
MOVIMIENTO ACCION SOCIAL INDEPENDIENTE (ASI)	15																				
MOVIMIENTO INDEPENDIENTE AGRARIO (MIA)	16																				
RENOVACION	17																				
NUEVA MAYORIA CAMBIO 90	18																				

SOLO PARA PRUEBAS
NO VALIDAS PARA COMPUTO

Durante el escrutinio se presentaron las siguientes reclamaciones, observaciones e impugnaciones, que los Miembros de Mesa resolvieron, cuyas Resoluciones consta en el formulario anexo (Form. 6) concediéndose las siguientes apelaciones ante el Jurado Departamental de Elecciones.

....
....
....
....
....
....
....
....
....
....

ACTA QUE SE FIRMA POR TRIPLICADO

_____
PRESIDENTE

_____   _____
MIEMBRO   MIEMBRO

Nombres y Firmas de los Personeros intervinientes:

NOTA

REMISION DEL ACTA ELECTORAL

ART. 107 D.L. 25684

1.- Un ejemplar de esta Acta se remitirá al Jurado Nacional de Elecciones.

2.- Otro ejemplar se remitirá al Jurado Departamental.

3.- El tercero será entregado al Miembro de la Fuerza Armada o de la Policía Nacional.

Anexo 28

MANUAL PARA EL OBSERVADOR

**MISION OEA-OEPE
UNIDAD DE CAPACITACION**

NOVIEMBRE 1992

OEA-OEPE 1

I. INSTALACION DE LA MESA.

La hora de presentación de los Miembros de Mesa y suplentes es a las 7:30, se instalan a las 8:00 si están los titulares, si a las 8:30 faltan titulares se instalará con los presentes. En ningún caso se puede instalar la Mesa después de las 13:00 horas.

1. **Se reúnen los Miembros de Mesa presentando sus designaciones y sus libretas electorales.**

    Diferentes casos en la integración:
    a) Se presentan todos los titulares.
    b) Falta Presidente.
    c) Falta Presidente y Secretario o sólo se presenta suplente. (quien asume la presidencia, completa la Mesa con suplentes o con electores de esa Mesa de mayor instrucción)
    d) Faltan todos los titulares y suplentes.En este caso designan las fuerzas del orden, con igual criterio que el caso anterior.

2. **Una vez instalada la Mesa reciben credenciales de personeros las credenciales llevan sello de la autoridad electoral.**

    Personeros de:

    - Partidos.
    - Agrupaciones Independientes.
    - Alianzas.

    Situaciones que pueden plantearse:

    - Se presenta personero de candidato : **Es rechazado** (los candidatos independiente no pueden acreditar personeros.)
    - Un personero cuestiona la capacidad legal de otro personero acreditado ante la Mesa: **No se acepta la reclamación** (no es momento de hacer estas reclamaciones.)
    - Se presenta personero de un partido que integra una Alianza y en la Mesa ya está acreditado personero de otro partido que integra esa Alianza:**es rechazado**. (sólo puede actuar un personero por Alianza.)

3. **Apertura del ánfora que contiene el material electoral.**

    a) Presidente abre el ánfora y verifica los materiales:

    - Acta Electoral (van varios ejemplares de los cuales uno se debe escriturar para el J.N.E, otro para J.D.E. y otro para las Fuerzas del Orden. Personeros pueden solicitar copia).

        Las secciones del Acta Electoral son:

        - Acta de Instalación.
        - Acta de Sufragio.
        - Acta de Escrutinio y Cuadro de resultado de voto preferencial.

    - Ejemplares de la Lista de Electores(un ejemplar se coloca en lugar visible y de fácil acceso)
    - Cédulas de Sufragio.
    - Tampones para impresiones dactilares y para constancia de votos.
    - Sello de constancia de voto.

OEA-OEPE 2

- Tinta indeleble para entintar anular del elector.
- Cartel que contenga los candidatos de todas las listas que se coloca en lugar visible para consulta del elector y cartel con normas generales (carnet de candidatos: 1 obligatoriamente en la cámara secreta).
- Utiles de escritorio - lapiceros etc.
- Sobres varios:

    a) para impugnación de la identidad del elector D.Ley art.84.
    b) para impugnación de cédula o voto D.L.art 97
    c) para remisión del Acta Electoral al Pte JNE
    d) para remisión del Acta Electoral conjuntamente con sobres que contienen impugnaciones, al JDE
    e) para remisión al JDE que contiene recibo de Correo por documentación entregada por Pte. de la Mesa de Sufragio.

    *NOTA: LOS SOBRES A,B,y D TIENEN IMPRESO INSTRUCCION EQUIVOCADA SOBRE LA FORMA DE REMISION DE LOS SOBRES CON IMPUGNACIONES, ESTABLECEN QUE VAN DENTRO EL ANFORA; DEBE SER DE ACUERDO CON LO QUE ESTABLECE CARTILLA PARA USO DE LOS MIEMBROS DE MESA.

- Hojas ad-hoc para los casos de votos observados por identidad.
- Formulario donde se registran las observaciones o reclamos de los personeros durante el escrutinio, que se escrituran por triplicado. Un formulario se remite con el Acta Electoral al JDE, otra se entrega al personero y otra a las fuerzas del orden.
- Cartel para fijar, con los resultados del escrutinio de la Mesa.

4. Presidente llena el Acta de Instalación contenida en el Acta Electoral, firman los 3 miembros y personero que lo desee.

5. Revisión de la Cámara Secreta.

    La revisan y en caso que no tengan cámara secreta instalan una.
    La Cámara Secreta: debe ser un recinto donde el elector pueda sufragar en forma secreta.

6. Firma de la totalidad de la Cédulas de Sufragio.

    Por el presidente y personero que lo desee.
    Además el presidente dobla las cédulas por sus pliegues y las vuelve a extender.

II. DESARROLLO DE LA VOTACION.

1) **Voto del Presidente.**
    - Presenta su Libreta Electoral.
    - Toma cédula de sufragio y pasa a la cámara secreta.
    - Sale de ella con la cédula doblada y pegada.
    - Introduce el voto en el ánfora.
    - Firma el ejemplar de la Lista de Electores al lado de su nombre.
    - El secretario le toma la impresión digital y le entinta el dedo anular.
    - El Secretario le sella su libreta electoral y se la devuelve.
    - El Secretario colocará en la Lista de Electores la constancia de voto. (En igual forma se procede con otros miembros de Mesa y personeros que figuren en la Lista de Electores de la Mesa.)

OEA-OEPE 3

2) **Comienzo de la votación de los electores, trámite similar a la votación del Presidente.**
   Casos que se pueden presentar:
   a) Elector que pretende pasar a la cámara secreta acompañado:
   No se le permite. Excepción: No vidente, que puede ser acompañado por una persona de su confianza.

   b) Votante cuyo nombre en la Libreta Electoral no concuerda en su totalidad, con el que figura en la Lista Electoral. Se le permite sufragar siempre que los otros datos concuerden con los que figuran en la Lista de Electores. Al dorso de la página se deja constancia de la divergencia, y se retira la Libreta Electoral.

   c) Votante con Libreta Electoral que según el número de la misma le correspondería votar en ese lugar pero no figura en la Lista de Electores: no puede votar, se le puede dar constancia de que se presentó a efectos que no pague la multa. Se retira Libreta Electoral.

   d) Elector con libreta electoral cuyo número o nombre corresponde a elector que ya votó: si se comprueba que es la persona que figura en la Lista de Electores se le recibe el voto, se le hace firmar al final de la Lista y se deja constancia al dorso. La Libreta Electoral es retenida por el Pte. para enviar al Fiscal Provincial de Turno para la denuncia correspondiente.

   e) Persona que se presenta a votar con dedo entintado, lo que hace presumir que votó anteriormente: Se le retira la Libreta Electoral y el Presidente dispone que pase a disposición de las fuerzas del orden para luego formalizar denuncia.

   f) Votante cuya identidad es impugnada por un Personero: La Mesa, primero, debe resolver por mayoría si corresponde o no la impugnación. Mesa resuelve que no correspode la impugnación, pero el personero apela la resolución de la mesa: Elector vota pero su sufragio lleva un TRAMITE ESPECIAL.

   TRAMITE ESPECIAL: Una vez que el Elector sufraga, el Presidente guarda la cédula en un sobre especial, junto con la Libreta Electoral del Votante y una hoja ad-hoc en la que se toma la impresión digital y se indica el nombre del elector impugnado.

   - Cerrado el sobre el Presidente anota: impugnado por...y seguido el nombre del personero impugnante y se invita a éste a firmar.(Si el personero no firma se toma como que desistió).
   - Luego coloca este sobre dentro de otro junto a la resolución de la Mesa y se deja constancia en acta. (aparentemente este sobre falta) Nota: los sobres que contienen cédulas impugnadas también se colocan en el ánfora, hasta el momento de escrutinio.
   - En el dorso de la página de la lista de electores se deja constancia de la impugnación.

   La Mesa resuelve que corresponde la impugnación, el elector después de sufragar, es puesto a disposición de la custodia del local. (lleva trámite especial)

   La Mesa declara infundada la impugnación; impone una multa a quien la formuló.

TAREA UNA VEZ FINALIZADA LA RECEPCIÓN DE VOTOS

   1. Presidente anota en la Lista de Electores NO VOTO en los lugares que corresponde a electores que no concurrieron a votar. Firma al final de la página e invita a los personeros que deseen hacerlo.

2. Llena espacios del Acta de Sufragio estableciendo:
   - Cantidad de sufragantes en números y letras.
   - Cantidad de cédulas de sufragio no usadas
   - Hechos ocurridos durante la votaciones.

3. Firman todos los miembros de Mesa de Sufragio.

III. ESCRUTINIO

(Acto Público ininterrumpido)

Presidente abre el ánfora: saca las cédulas y los sobres que contienen las cédulas impugnadas:

- Constata que cada Cédula esté firmada por él.
- Cuenta las cédulas y sobres que contienen cédulas impugnadas. Si el número es mayor que el de los sufragantes el Presidente separa al azar una cantidad de cédulas igual al número de las excedentes, e inmediatamente las destruye. En caso que hubiere menor cantidad de cédulas que electores sólo se deja constancia del hecho en el Acta.
- Separa los sobres impugnados sin abrirlos.
- Abre las Cédulas una por una, lee el contenido y pasa la Cédula a los otros Miembros.

Los personeros pueden examinar las cédulas pero **no las pueden alterar**, en caso contrario será denunciado a la autoridad.

- Impugnación de Cédulas y votos durante el Escrutinio.

1. Cuando algún Personero o Miembro de Mesa impugna Cédula, la Mesa resuelve por mayoría.

a) Impugnación infundada: en ese caso se escruta y se computa.
b) Impugnación fundada: no se escruta y no se computa.

En ambos casos la Cédula de votación debe ser remitido al Jurado Departamental en sobre cerrado. La apelación debe constar en el Acta de Escrutinio además de redactar formulario especial.

Reclamaciones de los Personeros durante el Escrutinio.

Las reclamaciones u observaciones sobre el escrutinio formuladas por los personeros se redacta en formulario especial, triple, que será firmado por Presidente, Personero y representante de las Fuerzas Armadas.

- Se entrega una copia al Personero, otra a las Fuerzas del Orden y otra se remite con el Acta Electoral al Jurado Departamental.
- Se deja constancia en el Acta de Escrutinio.

Validez o Nulidad de votos por Lista y Voto Preferencial.

1) VALIDO

- Si al marcar la casilla de la lista o las casillas de preferenciales el aspa o cruz sobresale del casillero: el voto es válido para la lista o casillero de preferencia donde está el punto de intersección de las líneas de la cruz o aspa.

OEA-OEPE 5

- Si se marca la casilla de la lista, (sobre símbolo) y no se marca casillas preferenciales: **el voto es válido**
- Si se marca casilla de la lista y una sola casilla preferencial: **el voto es válido**
- Si se marca el símbolo de una lista y casillas preferenciales de otra lista, el voto es válido para la lista pero no para el voto preferencial.

2) NULO

- Si se marca casilla preferencial y no se marca la casilla de la lista (sobre el símbolo): **el voto es nulo.**
- Si se marca más de un símbolo el voto es nulo.
- Si se firma o escribe el nombre o número de Libreta Electoral: **el voto es nulo.**
- Si la Cédula no tiene firma del Presidente: **el voto es nulo**

3) EN BLANCO
- Si no se hace ninguna marca el voto es en blanco.

4) CANTIDAD DE VOTOS VALIDOS:

La cantidad de votos válidos se obtiene restando de la totalidad de los votos; los votos nulos y los votos en blanco.

Acta de Escrutinio y Cuadro.

Se completa el Acta de Escrutinio estableciendo:
- Número de votos obtenidos por cada lista.
- Número de votos obtenidos por cada candidato en forma individual, en el cuadro respectivo. (podrán utilizar los formularios de cuadros de trabajo).
- Cantidad de votos nulos.
- Cantidad de votos en blanco.
- Cantidad de votos sin escrutar por impugnación.
- Nombre de personeros presentes en el Acto de Escrutinio.
- Constancia de la hora en que comenzó y finalizó el escrutinio.
- Relación de observaciones y reclamos formulados por personeros durante el escrutinio y resoluciones recaídas en ellos.
- Firma de los Miembros de Mesa y Personeros que lo deseen.

IMPORTANTE: El cuerpo del Acta Electoral compuesto por ACTA de ESCRUTINIO y Cuadro de VOTOS PREFERENCIALES INDIVIDUALES DE LOS CONGRESISTAS, no tiene lugar ni indicación para las firmas de los integrantes de Mesa, no obstante DEBEN FIRMAR LOS INTEGRANTES DE MESA Y LOS PERSONEROS QUE LO DESEEN, EN **TODOS LOS EJEMPLARES QUE SE EXTIENDAN.**

OPERACIONES FINALES

a) Fijación del Cartel con los resultados de la elección en la Mesa.
b) Envío a JDE por la vía más rápida (puede ser fax, telégrafo, etc.), el resultado del escrutinio.

Destino de los 3 ejemplares del Acta Electoral.

- Un ejemplar se envía al JNE.
- Otro se envía al Presidente del JDE. (Por correo recabando recibo por duplicado en donde conste hora de recepción del sobre que lo contien. Uno de estos recibos lo envía al JDE a quien además

le comunicará por la vía más rápida la fecha y hora de envío del sobre).
- Otro lo entrega a las Fuerzas Armadas o policiales. (también tienen copia de reclamo de personero durante escrutinio.)

Entrega del ánfora que contiene:

- Cédulas no utilizadas.
- Ejemplar de la lista de electores.
- Sellos y tampones.
- Formularios no usados.

El ánfora se remite por correo al JDE, recabándose recibo por duplicado, remitiéndose un ejemplar al JDE en sobre especial para ello.

Decreto Ley art. 109 y primera cartilla establece que el ánfora se remite al JNE, en cambio la última cartilla establece que se remite al JDE.

**Serie de Misiones de Observaciones Electorales
en Estados Miembros de la
Organización de los Estados Americanos**

Las publicaciones de esta serie (ISSN 1087-8521) se basan en los Informes oficiales respectivos de cada una de las Misiones de Observación Electoral (MOE). Los mismos han sido a veces sintetizados, modificados con información adicional, estructurados en forma diferente, o redactados con un estilo más ágil para facilitar su lectura. Se intenta de esta manera llegar a una amplia audiencia de funcionarios, expertos en asuntos electorales, diplomáticos, periodistas, académicos, estudiantes y el público en general.

The publications of this series (ISSN 1087-8521) are based on the official reports of each of the Electoral Observation Missions (MOE). In order to facilitate the reading of the same, these reports have been either shortened, expanded, structured differently, or edited. By doing so, it is hoped that these publications will be distributed to a large audience of staff members, experts in electoral affairs, diplomats, journalists, academians, students and the general public.

1. Paraguay: Elecciones Municipales de 1991;
   Elecciones para la Asamblea Constituyente de 1991;
   Elecciones Generales de 1993
2. Perú: Elecciones para el Congreso Constituyente de 1992;
   Elecciones Municipales de 1993;
   Referéndum Constitucional de 1993
3. Suriname: Elecciones Generales de 1991
4. El Salvador: Elecciones Legislativas y Municipales de 1991/
   Honduras: Elecciones Generales de 1993
5. Nicaragua: Elecciones Generales de 1990
6. Venezuela: Elecciones Generales de 1993
7. Panamá: Elecciones Generales de 1994
8. República Dominicana: Elecciones Generales de 1990 y 1994
9. Haití: Elecciones Generales de 1990
10. Elecciones 1995: Compendio de observaciones electorales de la OEA en Perú, Haití y Guatemala